오래된 집을 샀다
책방을 하겠다고

오래된 집을 샀다
책방을 하겠다고

◆

머물다가게 이사 일기

임다은

다니스리피

여는 글

✦

 대개 모든 일이 그렇듯, 처음부터 완벽하지 않았습니다. 아니, 완벽할 리 없었습니다. 지금도 여전히 완벽하지 않고요. 하지만 모든 게 꼭 완벽할 필요는 없지 않나요? 이 물음을 방패 삼아 책을 만들기로 결심했습니다. 조금은 날것의, 꽤 부끄럽기도 한 이야기이지만요.

 이 책은 대전 동구의 작은 동네에 있는 책방 '머물다가게'의 폭풍 성장기를 담은 책입니다. 2019년 봄부터 대전 동구 대동의 5평 남짓한 공간에서 책방을 시작해 5년 가까이 보냈습니다. 2024년 봄에는 대동의 옆 동네인 자양동에 있는 35평짜리 주택을 매입해 시즌 2를 열었지요.

 시즌 1을 정리하고, 시즌 2로 자리를 옮기며 새로운 시작을 준비하는 과정을 매일 기록했습니다. 아무도 지켜보지 않으면 아무것도 쓰지 못할 것만 같아서 약속을 걸면서요. 〈머물일기〉라는 이름으로 뉴스레터를 시작해 2024년 2월부터 4월까지 총 60편의 일기를 썼습니다.

2월의 일기에는 시즌 1 공간 정리와 시즌 2 리브랜딩에 대한 고민이 담겼고요. 3월의 일기는 본격적인 시즌 2 공간 리모델링의 이야기를 생생하게 담았습니다. 4월의 일기에는 공간 인테리어와 책방지기로 살아가는 일상의 이야기를 담았고요.

5월에는 본격적인 공간 오픈 준비로 여력이 안 되어 뉴스레터 구독 서비스를 멈추었더니, (세상에) 정말 단 한 편의 일기밖에 쓰지 못했답니다. 마감의 중요성과 인간의 나약함을 동시에 깨닫고 말았지요.

저의 이야기를 기꺼이 읽어주신 〈머물일기〉 구독자님들이 계신 덕분에 폭풍 같은 시간의 발자국이 겨우겨우 남았답니다. 힘든 시간 속에서도 계속 쓰는 힘을 더해주시고, 이 책을 엮기까지 큰 용기를 주셔서 진심을 가득 담아 감사드려요.

또한 이 책을 읽어주시는 독자님께도 벅찬 감사의 말씀을 전합니다. 앞으로 저희 머물다가게에 몇 번의 봄이 더 남았는지는 잘 모르겠습니다. 바라기는 아주 오래도록 많은 분과 함께 계속 봄을 보고 싶어요. 끝이 없는 시작은 없다지만, 일단 끝을 생각하지 않고 가는 중입니다. 부디 계속 함께 머물러주세요.

2024년 8월, 뜨거운 여름 아래
머물지기 임다은

목차

여는 글

어쩌다 책방으로 | 2024.2.1-2.15
    딱히 책방 주인이 꿈은 아니었다 ✦ 19
    세계를 떠돌다가 주저앉아 버렸다 ✦ 23
    다시 꺼내어 보는 창업 노트 ✦ 27
    주먹구구 사장의 주먹이 운다 ✦ 31
    책은 이게 다인가요? ✦ 35
    외향인 책방지기가 책방을 운영하면 ✦ 39
    저 쫓겨나긴 싫은데요 ✦ 43
    세상에서 가장 감동적인 설문조사 ✦ 47
    나에게 작은 소망이 있다면 ✦ 51

책방을 떠나 책방으로 | 2024.2.16-2.29
    부동산 유목민의 지친 하루 ✦ 59
    너, 내 건물이 돼라 ✦ 63
    브랜딩, 그거 대체 어떻게 하는 건데 ✦ 67
    NEW 로고 만들기 대작전 ✦ 71
    이거 보고 놀라면 지는 거지 ✦ 75
    꿈☆은 이루어진다 ✦ 79

1층인데요, 1층이 아닙니다 ✦ 83
혹시 당근이세요? 당근이죠! ✦ 87
내 인생 따뜻한 커피처럼 ✦ 91
역시 인생은 뜻대로만 되지 않지 ✦ 95

안전모를 쓰고 책방으로 | 2024.3.4-3.15

5년 차 책방지기의 어쩌다 생존 ✦ 103
시계는 잘도 도네 돌아가네 ✦ 107
인테리어 도면을 펼치고 렛츠고! ✦ 111
살리고!! 살리구!! 또 살리고!!! ✦ 115
두두두두 와르르 와장창 ✦ 119
끝없이 고르고 골라 ✦ 123
한 박자 쉬고 두 박자 쉬고 ✦ 127
슬기로운 건축주 생활 ✦ 131
이거 나만 이해 안 돼? ✦ 135
잘 머물다 가시고, 또 오세요! ✦ 140

매일매일 책방으로 | 2024.3.18-3.29

월화수목금금금 공사 ing ✦ 147
건물은 추억을 싣고 ✦ 151

창문을 달아다오 ✦ 156

거참 균형 잡기 너무 어렵네 ✦ 160

끝날 듯 끝나지 않는 ✦ 164

뭐 괜찮은 거 같기도 하고 ✦ 168

아무렴 꿈보다 해몽이지 ✦ 173

바람 잘 날 없는 하루 ✦ 177

행복으로 도배해 드립니다 ✦ 181

그냥 내 손을 잡아 ✦ 185

책방으로 살아남기 | 2024.4.1-4.16

안녕히 계세요~ 여러분! ✦ 193

있었는데요 계속 있습니다 ✦ 197

상상에 상상에 상상을 더해서 ✦ 201

동네살이의 즐거움 ✦ 205

무지해서 무지 미안합니다 ✦ 209

쓸고 닦고 만들고 즐기고 ✦ 214

예산 삭감에 대처하는 우리의 자세 ✦ 218

이 선 넘으면 침범이야 beep ✦ 222

책방지기의 생존에 대하여 ✦ 226

새해 복 많이 받았어요 ✦ 230

외로워도 슬퍼도 나는 ✦ 234

책방으로 오세요 | 2024.4.17-4.30

책 속에 정말 길이 있나요? ✦ 241

자줏빛 볕이 드는 마을 ✦ 245

구석구석 닿는 사랑 ✦ 249

해도 해도 끝이 없는 ✦ 253

진심으로 축하드립니다 ✦ 257

바쁘다 바빠 인장이의 하루 ✦ 261

여기는 뭐 하는 데예요? ✦ 265

아직 오픈한 건 아니지만 어서오세요! ✦ 269

동네책방 머물다가게입니다 =) ✦ 273

정말 감사합니다. 곧 만나요! ✦ 277

고마운 〈머물일기〉 구독자님

✦ 일기의 날짜는 뉴스레터 〈머물일기〉 발송일 기준입니다.
〈머물일기〉는 매주 평일 오전 6시에 발송했습니다.
주로 하루를 마감하고 새벽에 닥쳐서 일기를 쓰곤 했습니다.
다소 날것의 표현이 많은 점 이해 부탁드립니다.

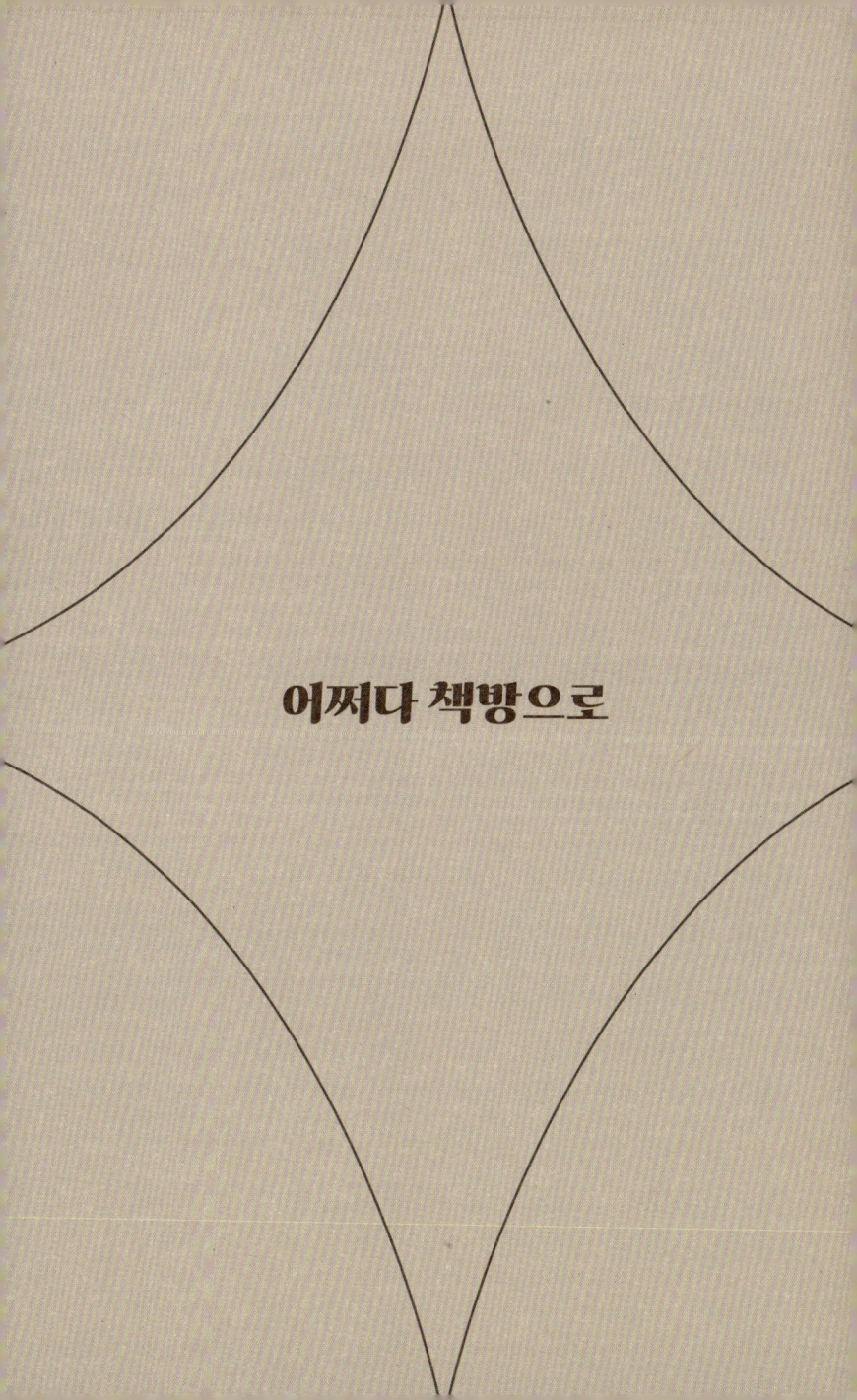

어쩌다 책방으로

딱히 책방 주인이 꿈은 아니었다

✦

얼마 전에 학교생활기록부를 찾아봤다. 친구가 알려주었는데, 정부24 사이트에 들어가면 초·중·고 학교생활기록부 조회가 가능하다. 나이(?) 때문인지 초등학교 생활기록부는 인터넷으로 조회할 수 없었다. 아쉽지만 중학교와 고등학교 생활기록부를 열어보며 잠시 추억 여행을 떠났다.

촌스럽고도 정갈한 단발머리에 두 볼이 발그레한 중학생의 나와 눈이 마주치자마자 웃음이 터졌다. 그 시절에는 상상하지도 못한 모양으로 살고 있는 지금 내 모습이 갑자기 어색하게 느껴지기도 했다.

스크롤을 계속 내려보니 장래희망을 적은 란이 나왔다. 중학교 1학년 때 꿈은 '인테리어 디자이너'였다. 2학년 때는 '디자이너'로 확장되는 듯하더니 3학년 때는 어쩐지 '교사'로 바뀌었다. 부모님의 희망 진로 역시 계속 바뀌었다.

중학교 1학년 때는 내가 'PD'가 되었으면 하셨는데, 2학년 때는 '언론인'으로 확장되더니 3학년 때는 '교사'로 통일됐다. 특기사항에는 '바른 인성과 적극성이 본인의 희망과 적합하여 희망대로 권유함.'이라 적혀있었다. 정말 나의 희망이었는지는 사실 기억나지 않는다.

고등학교 생활기록부도 살펴봤다. 부모님의 희망 진로는 한결같이 '교사'였다. 나의 장래희망은 1학년 때는 '교사'였다가 2학년 때는 '국어 교사'로 구체화 되는 것 같더니, 3학년 때는 돌연 '작가'로 바뀌었다.

문득 진로상담 했을 때가 떠올랐다. 고등학교 1학년 때 담임 선생님은 정년퇴직을 앞두신 국어 선생님이셨다. 교사가 되고 싶다는 내 말에 선생님은 강렬한 한마디를 던지셨다.

"너 교사가 되면 말이지, 앞으로 네 친구들은 거의 다 선생님일 거야. 그래도 괜찮겠니?"

그 말씀은 꽤 오래도록 기억에 남았다. 고등학교 3학년 때 대학 진학을 결정하는 순간까지도. 사람을 무척이나 좋아했던 나에겐 같은 업종의 사람만 만나는 삶은 영 성에 안 찰 것 같았다. 결국 나는 대학 때 국어국문학과로 진학했다. 다행히 그 선택을 후회한 적은 한 번도 없다. (그때 책을 더 왕창 읽을 걸… 하는 후회는 하지만.)

원래 아주 어렸을 때는 그림 그리기를 좋아했는데, 시간이 흐를수록 글쓰기를 좀 더 좋아하게 됐다. 미술 쪽을 업으로 삼으신 아버지와 글 쓰는 삶을 살고 계신 어머니의 영향이 고루 섞였다. 언제부턴가는 아버지의 만류로 그림보다는 글에 더 관심과 열심을 쏟았다.

덕분에 지금까지도 종종 글 쓰는 일을 하며 살게 됐다. 하지만 학교생활기록부 그 어디에도 '책방 주인'에 대한 소망은 적혀있지 않았다. 이토록 진심을 다해 책방 주인으로 살게 될 줄 그때는 정말 몰랐다.

최근에 방과후 프로그램을 통해서 만난 중학생 친구가 하나 있다. 그 친구는 머물다가게와 가까운 대동하늘공원 근처에 살고 있다. 머물다가게를 오며 가며 보기만 하다가 드디어 처음 와봤다고 했다.

마지막 3회차 프로그램이 끝나고, 그 친구가 직접 만든 예쁜 양모펠트 책갈피와 함께 몇 개의 간식을 선물로 줬다. 거기에는 내 얼굴을 그린 그림과 짧은 편지가 적힌 쪽지도 함께 있었다. '선생님! 저두 선생님처럼 서점을 차리고 싶다는 생각이 들었어요.'라는 문장에 시선이 오래 머물렀다.

그 친구는 나의 중학생 때보다도 훨씬 책을 많이 읽고 자기표현을 잘하는 아이였다. 학교에서는 이미 독서왕으로 손에 꼽힐 정도였다. 어머니가 어렸을 때 읽어주신 그림책을 들고 와 내게 보여주기도 했다.

문득 그 친구가 차린 책방의 모습을 떠올려봤다. 어쩐지 우리 서점보다 훨씬 크고 근사한 책방의 모습이 떠올랐다. 그곳에서 앞치마를 매고 책을 정리하는 분주한 그 친구의 모습이 그려졌다. 아주 반짝거리는 모습으로.

머물다가게 시즌 2를 시작하기로 마음을 먹은 지는 사실 몇 달 안 된다. 최근 몇 달간, 지금까지 4년 정도의 시간을 보내면서 한 번도 꿈꿔보지 않았던 순간을 자주 꿈꾸었다.

책을 읽고 글을 쓰고 그림을 그리고 무언가 꼼지락거리며 나만의 것을 만들고 싶어 하는 사람들을 자꾸만 만나고 싶었다. '우리 동네에 이런 공간이 있다면 얼마나 좋을까?' 하고 상상했던 그 공간을 내가 만들고 싶었다.

5평 정도의 작은 공간으로도 충분히 벅찼던 하루하루였는데, 스멀스멀 올라온 나의 소망이 결국 일을 저질렀다. 내 나이보다도 오래된 건물을 덜컥 산 것이다.

물론 '덜컥'의 과정 속엔 수많은 이야기가 담겼다. 4년이 넘는 시간이 전부 담겼는지도, 아니 그보다 더 오래전의 소망까지 다 담겼는지도 모른다. 더 늦기 전에 그 시간을 하나하나 꺼내 봐야지. 그리고 앞으로 내게 남은 시간을 차곡차곡 잘 쌓아 봐야지. 꿈의 재고를 더 넉넉히 채워둬야지.

2024.2.1.

세계를 떠돌다가 주저앉아 버렸다

✦

　누구나 인생에 한 번쯤 꿈꾸는 일, 세계일주. 그것은 내게도 오랜 버킷리스트였다. 침대 머리맡엔 늘 지구본을 올려두고, 침대 옆 벽면엔 커다란 세계지도를 붙여놨었다. 노트에는 가고 싶은 나라와 가고 싶은 장소를 틈날 때마다 적어두곤 했다. 언젠가는 꼭 이뤄질 것처럼 매일 상상하고 그랬다. 세계 속을 누비는 내 모습을.

　그리고 그 꿈은 한국 나이로 서른이 되어서야 이뤄졌다. 세계 '일주'까지는 하지 못해 '세계반주'라 이름을 붙였다. 캐리어가 아니라 내 키의 절반이나 되는 커다란 배낭을 메고 갔으니 배낭여행이기도 했다. '다니는 다니'라는 인스타그램 계정까지 만들어 그 과정을 틈틈이 기록도 했다.

　여행할 당시 나는 백수였다. 정확히는 프리랜서와 자발적 백수 사이에서 근근이 먹고 살고 있었다. 그때 나는 몇 년 일하고 나면 꼭 새로운 무언갈 배워야 하는 병이 있었다. 처음으로 갔던 직장은 문화예술인이 모인 사단법인이었다. 거기서 2년 반 정도 일했다. 첫 직장을 관두고는 돌연 서울로 올라가 문화예술

교육사 자격증 공부를 했다.

그 뒤에는 대전의 한 공기업에서 기간제로 2년간 근무했다. 그때 나는 예감했다. 안정적인 월급을 받을 수 있는 건 내 인생에 지금 이 시기가 유일하다고. (그 예상은 정확히 맞았다.) 그래서 열심히 돈을 모았다. 작지만 매달 부모님께 용돈도 드렸다. 지금 아니면 못 할 것 같아서였다. (그 예상도 정확히 맞았다.)

2년간 회사를 다니며 모은 돈은 2천만 원 정도였다. 때마침 그때 욜로(YOLO, You Only Live Once) 열풍이 불었다. 나는 이 돈을 들고 당장에라도 여행을 떠날 기세였다. 매일 구글맵을 열어 가고 싶은 장소에 별을 찍었다. 세계지도 위에 찍힌 수많은 별이 나를 불렀다. 나에겐 돈도 있고 시간도 있었다. 다녀야 할 직장도 없고 두려움도 없었다. 떠나지 못할 이유가 전혀 없었다.

하지만 그때는 여행을 떠나지 못했다. 알 수 없는 우주의 기운이 나를 막는 것 같았다. 이상하게 자꾸만 아프고, 크고 작은 사건 사고도 생겼다. 부모님의 걱정도 극심했다. 세상 모두가 내 여행을 응원해주지 않았다.

결국 다시 배움의 길로 떠났다. 대학원을 간 것이다. 다행히 학자금 대출이라는 좋은 제도가 있어 2천만 원을 다 쓸 필요도 없었다. 프리랜서로 일해온 시간이 쌓이다 보니 적당히 일할 거리도 계속 생겼다. 대전과 서울을 오가며 문화예술경영을 배웠다. 그리고 어느덧 석사논문을 써야 하는 때가 왔다. 나의 논문

주제는 「생활문화시설로서 지역서점의 커뮤니티 공간 기능에 관한 연구」였다.

당시에 작은 독립서점과 문화공간을 좋아했던 나는 국내와 해외의 지역서점 사례를 중심으로 논문을 쓰기로 했다. 그런데 인터넷으로만 검색해 본 해외 지역서점의 모습이 도통 와닿지 않았다. 세계여행을 향한 열망이 다시 스멀스멀 올라왔다. 대학원 수료를 마치고 나는 교수님과 부모님께 선언했다. 여행을 떠나서 논문을 완성하고 오겠노라고. 그것은 참 터무니없는 선언이었다.

하지만 어쩐지 그때는 아무도 나를 말리지 않았다. 기꺼이 다녀오라고 모두가 응원해 주었다. 오히려 살짝 불안해진 건 나였다. 호기롭게 논문을 완성하고 돌아오겠다 말했으니 적어도 이 여행은 무계획으로 가서는 안 됐다. 나는 마치 교수님의 아바타가 된 것처럼 세계여행을 하며 그 시기에 열린 전시나 공연을 부지런히 보고 문화공간도 열심히 찾아다녔다.

170일 정도의 세계반주 여행을 마치고 한국으로 돌아온 뒤, 취업 대신 창업을 택했다. 내가 좋아하는 것을 정확히 발견해서였다. 으리으리하고 멋진 문화공간도 좋았지만, 작은 마을의 골목에 있는 조그마한 책방에서 행복감을 더 자주 느꼈다. 그리고 그런 공간을 밟을 때마다 '나만의 공간을 만들고 싶다.'는 생각이 계속 맴돌았다.

한국으로 돌아와 혼자 일주일 정도 제주도를 여행했는데, 그 맴돌던 생각은 확신으로 변했다. 나만의 공간이자 누군가와도 함께할 수 있는 공간. 그곳에서 재미있는 일을 계속 벌이고 오래도록 머물고 싶다는 생각이 들었다. 떠나는 건 이제 그만해도 좋았다. 내게 찾아오는 낯선 이들을 여행하면 될 일이었다.

 마침 전 직장에서 함께 일했던 동료가 비슷한 생각을 하고 있었다. 그는 관광을 전공했는데, 동네를 여행하는 마을 여행사를 하고 싶어 했다. 우리 마을로 찾아온 여행자들과 만나는 행복한 '사람 여행'을 꿈꿨다. 마침 동료와 나는 서로 가까운 동네에 살고 있었다. 우리는 일단 동네 친구를 모을 수 있는 우리만의 아지트를 만들기로 했다.

 그가 사는 '소제동'과 내가 사는 '자양동'의 중간인 '대동'에 터를 잡기로 했다. 공간이 필요했으니 일단 부동산부터 다녔다. 그리고 대동의 작은 골목에서 붉은 벽돌이 감싸고 있는 건물을 만났다. 대동하늘공원과 벽화마을 아래에 있는 10평 남짓의 아담한 공간이었다. 이곳을 보자마자 우리는 계약을 하기로 마음먹었다.

 2019년 5월, 그렇게 머물다가게의 시즌 1이 시작되었다.

2024.2.2.

다시 꺼내어 보는 창업 노트

✦

공간 계약을 한 뒤, 나와 동료는 사업자등록증을 발급하기 위해 대전세무서로 향했다. 각자 임대차 계약서를 한 통씩 들고 가서 따로 사업자를 냈다. 사업자명을 깊게 고민할 시간이 별로 없었다. 우리는 각자 자신의 이름을 따서 지은 별명으로 사업자명을 정했다. 그 이름은 마을 여행사 '진DoL'과 서점 겸 출판사인 '다니그라피'였다.

우리는 함께 계약한 공간을 바깥쪽과 안쪽으로 나누어 사용하기로 했다. 바깥쪽에는 주로 내가 머물렀다. 사실 서점을 해야겠다는 생각이 처음부터 있던 것은 아니었다. 내가 진짜로 만들고 싶은 건 '커뮤니티 공간'이었다. 동네 친구들과 모이고, 여러 사람을 만나고 연결할 수 있는 장소가 필요했다. 그러려면 일단 사람들이 자연스럽게 올 수 있는 곳이어야 했다.

공간에서 무언가를 팔아야 사람들이 문을 열고 들어올 텐데, 무얼 팔아야 좋을지 고민했다. 우선 내가 제일 잘 팔 수 있는 것이 무엇일지 생각했다. 내가 좋아하는 것이어야 다른 이에게도 자신 있게 팔 수 있을 것 같았다. 그리고 내가 머물고 싶은 공간의 모습을 상상했다. 책과 귀여운 소품이 가득한 공간이 그려졌다. 결국 '책'과 '굿즈'를 판매할 상품으로 정했다.

장소가 생겼고, 사업자등록도 완료했으니 이제 공간을 꾸며야 했다. 다행히 천장과 바닥, 벽지가 모두 깨끗한 상태여서 크게 손보지 않아도 되었다. 낡은 문틀에 페인트칠만 조금 하고, 안쪽 공간에 장판만 새로이 깔았다. 동료의 아버지께서 전구를 멋지게 달아주셨고, 우리 아버지는 가구 조립을 도와주셨다. 나름대로 그려본 인테리어 도안대로 차곡차곡 가구를 집어넣으니 꽤 그럴싸한 매장의 모습이 갖춰졌다.

이제 상품을 채우는 일만 남았다. 창업 비용이 여유롭지 않았던 탓에 모든 상품을 선구매하기는 어려웠다. 우선 몇 년 전에 알게 된 지역 작가님들께 연락을 드렸다. 2017년에 대전의 작가들이 모여 〈마음이 깃든 모든 것〉이라는 이름의 '대전 독립출판 작은 축제'를 열었던 적이 있었는데, 그때 대전에서 활동하는 독립출판 창작가가 꽤 많다는 걸 처음 알았다.

아쉬운 것은 이틀간의 축제가 끝나고 나니 다시 모일 기회가 없다는 거였다. 대전 지역의 독립출판물을 한데 모아 볼 수 있는 상설 공간이 있다면 좋을 텐데… 하며 아쉬워했었다. 그래서 머물다가게에 그분들의 작품을 다시 모으고 싶었다. 다행히 여러 작가님이 계속 창작 활동을 이어가고 계셔서 기쁜 마음으로 작품들을 입고해 주셨다. 그 덕에 머물다가게에 하나둘 상품이 채워졌다.

 머물다가게의 콘셉트는 '로컬 상점'이었다. 이름을 책방이나 서점이 아닌 '가게'로 지었던 것도 책만 팔고 싶지는 않아서였다. 지역 작가나 출판사의 책과 함께 지역을 상징하는 기념품을 팔다 보니 자연스레 머물다가게의 정체성이 만들어졌다. 그리고 그 덕분에 그동안 몰랐던 새로운 대전 작가님들을 더 많이 알게 되었다.

 본격적인 영업 시작을 위해 간판을 달려고 하니 로고도 필요했다. 대동하늘공원의 상징인 풍차와 여행지 아래에 있는 상점이라는 느낌을 담기 위해 스노우볼 모양의 로고를 만들었다. 붉은 벽돌 건물에 자리하고 있어서 포인트 컬러는 벽돌색으로 정했다. 대동이라는 동네와 가장 잘 어울리는 색이라 생각했다.

 간판도 새로이 달았다. 인터넷 설치와 자그마한 카드 단말기까지 구매하니 가게로서의 면모를 제법 갖추었다. 네이버지도와 카카오맵, 구글맵에 정식으로 등록 신청도 하고, 홍보를 위해 블로그와 인스타그램, 페이스북 페이지도 개설했다. 사업자 등록 후 한 달 정도의 준비 기간을 마치고, 우리는 2019년 6월 4일에 머물다가게를 정식으로 오픈했다. 거창한 오픈식은 없었지만, 동네에 계신 분들에게 작은 개업 떡을 돌렸다.

 감사하게도 많은 분이 찾아와 주셨다. 동네 주민분들 중에는 여기가 무얼 하는 곳인지 몰라 물어보신 분도 많았다. 출근길이 매일 설렜다. 오늘은 어떤 분을 만나게 될지, 어떤 일이 일어날지 알 수 없다는 것이 참 기분 좋은 두근거림이었다. 가게에 도착해 불을 켜고, 음악을 틀고, 화분에 물을 주고 청소를 했다. 가끔 찾아오는 고양이에게 밥도 주고 함께 놀기도 했다.

공간을 만들며 가장 기대했던 동네 친구들과의 모임도 종종 가졌다. 어디서 새로운 누군가를 만날 때마다 혹시 대동에 사는지 물어보고, 함께 모여 놀았다. 하루하루 평화롭고 재미난 일상의 연속이었다. 지역 작가와 함께하는 예술 프로그램도 만들었다. 늘 꿈꾸던 장면이 나만의 공간에서 펼쳐지는 모습을 보니 행복했다. 즐거워하는 손님들의 모습이 나의 활력소였다.

2020년 2월 중순, 하고 싶은 일이 더 많이 떠오르고 계속 생겨나던 그때, 무시무시한 이름 '코로나19' 확진자가 대전에서도 처음 나왔다. 그것도 머물다가게의 바로 옆 동네이자 내가 사는 자양동에서. 오늘은 어떤 사람을 만나게 될지, 어떤 일이 일어날지 알 수 없다는 것이 설렘에서 두려움으로 한순간에 바뀌었다. 자영업자 신분인 내가 할 수 있는 것은 잠시 가게 문을 닫고 조용히 침묵하는 것뿐이었다. 그 침묵이 그토록 길어질 줄은 모른 채.

2024.2.5.

주먹구구 사장의 주먹이 운다

✦

　나의 창업은 참으로 대책이 없었다. 계획형 인간치고는 다소 무모한 도전이었다. 한 번도 장래에 되리라 생각지도 않았던 책방 주인의 삶은 내가 상상했던 낭만과는 아주 달랐다. 나만의 공간에서 조용히 책을 읽으며 커피 한 잔을 마시는 여유. 물론 가끔은 그런 날도 있었지만, 대개는 분주한 날들이었다. 책만 팔아서 먹고살 수 없다는 걸 알고 시작했음에도 불구하고, 도통 채워지지 않는 통장 잔고를 보며 불안해지는 날도 이어졌다.

　코로나19로 인해 가게 문을 열었다 닫았다 하며 지내는 동안은 더 어려웠다. 그나마 매일 마시는 커피값 정도의 월세만 부담하면 되어서 참 다행이었다. 하지만 생계유지는 따로 해야만 했다. 그동안 프리랜서로 해오던 일을 멈출 수 없었다. 방송 프로그램 자막 프리뷰 일을 하거나 연구 사업에도 참여하고, 때로는 문화기획자로, 가끔은 사진가나 편집자로. 할 수 있는 일을 닥치는 대로 다 했다.

　그런 일을 하는 모습이 어쩌면 훨씬 자연스러웠다. 외향적인 나에게 공간에 계속 머물러 있는 붙박이가 되는 일은 쉽지 않았다. 머물다가게는 그야말로 프리랜서로서의 모습을 눈에 보이는 공간으로 나타내주는 역할을 했다. 그 덕에 여러 가지 외주 업무의 길이 더 확장되기도 했다. 책방의 일에만 집중할 수 없다 보니 머물다가게의 오픈 시간은 제각각일 수밖에 없었다. 오픈하고 한두 달 정도 운영하다 보면 정할 수 있을 줄 알았는데, 오히려 확정하기가 더 어려웠다.

어떤 달에는 여는 날보다 닫는 날이 훨씬 많을 때도 있었다. 책방 앞까지 찾아왔다가 허탕을 치고 돌아가신 손님들의 이야기도 자주 들려왔다. 그럴 때마다 너무 죄송하고 자괴감이 들었다. 이렇게 계속 책방을 운영해도 되는 건지 회의감도 들었다.

하지만 외부 업무를 멈출 수도, 책방을 접을 수도 없었다. 결국 나는 '운영시간 유동적'이라는 다소 뻔뻔한 멘트를 걸어두고, 방문 전에 미리 연락을 바란다고 적었다. 그리고 자리를 비울 때마다 휴무 공지를 꼬박꼬박 올리기로 했다.

다행히 그 방법으로 허탕을 치고 돌아가시는 손님이 많이 줄었다. 귀찮음을 무릅쓰고 전화나 인스타그램 DM으로 미리 연락을 주시는 손님들 덕분에 감사하게도 머물다가게의 시간이 멈추지 않을 수 있었다. 책방의 어려운 상황을 충분히 이해해주시는 손님들의 헤아림으로 머물다가게의 역사는 하루하루 더 이어졌다.

그동안 흔히 말하는 '진상 손님' 하나 없이 운영할 수 있었던 것은 정말 행운이었다. 주먹구구 사장의 실수나 미숙함도 늘 따뜻한 말과 미소로 받아주신 손님들께 하염없이 감사했다. 책방에서 여는 프로그램에 자주 참여해주시는 단골손님들과는 점점 친분도 쌓여갔다. '나'만의 공간이라고 생각했던 곳이 점점 '우리'의 공간으로 변해갔다.

스스로 머물다가게의 '팬'이라 일컫는 손님도 늘어갔다. 참으로 신기한 일이었다. 누군가의 혹은 무언가의 팬이 되려면 일명 '덕통사고'라는 게 필요한데, 어떤 부분이 손님들께 와닿았을지 궁금했다. 이 작은 5평 남짓의 공간에서 무엇이 손님들의 마음을 울렸을까. 빈 벽을 가만히 두고 보지 못하는 책방지기의 덕지덕지력이 통했던 걸까. 옹기종기 따스한 이들과 마주 앉아 나눈 이야기가 마음에 남았던 걸까.

  나는 여전히 주먹구구 사장인데, 손님들의 마음이 점점 깊어지는 게 느껴졌다. 머물다가게를 애정하는 손님이 늘어날수록 뿌듯함은 점점 책임감으로 변해갔다. 자주 오시는 손님들에게 매번 똑같은 상품만 보여드리는 것도 신경이 쓰였다. 어쩌다 한 번 방문하신 분들께는 새롭겠지만, 단골손님을 위한 새로운 상품과 프로그램의 수혈이 절실했다.

  시간이 흐를수록 새로운 가구가 하나씩 늘었다. 썰렁했던 매대가 점점 꽉 들어찼다. 책방을 향한 나의 진심도 조금씩 꽉 채워졌다.

2024.2.6.

책은 이게 다인가요?

✦

 머물다가게의 상품은 점점 늘었다. 그중에서도 굿즈 상품은 매대의 부피를 많이 차지했다. 도서는 대전 지역 작가와 지역 출판사의 책만 주로 취급했기 때문에 종류가 많지 않았다. 한 번 정리가 필요했다. 먼저 굿즈는 다양한 종류의 상품에서 지류 중심의 상품으로 축소했다. '굿즈숍'이나 '편집숍'에서만 팔 것 같은 상품은 '책방'과는 조금 덜 어울리는 것 같아서였다.

 게다가 가끔 독립서점의 무드(?)를 기대하며 찾아오신 손님들이 책의 종류가 적어 실망하고 돌아가시는 모습도 보았다. 단골 손님들에게도 새로운 모습을 계속 보여드리기 어려웠다. 조금 더 책방다워지려면 책이 더 많이 필요했다. 결정적으로 '대전 지역서점 인증제'라는 것이 있는데, 이 지역서점 인증을 받으려면 서점 바닥면적의 50% 이상을 책이 차지해야만 했다.

 사업 초기에는 지역서점 인증 받는 것을 아예 포기했었다. 어차피 인증 조건을 충족하지 못해서였다. 몇몇 지역에서 먼저 시작했던 '지역서점 인증제'의 실효성에도 크게 공감하지 못하기도 했다. 책방이라면 책이 많아야 하는 것은 당연하다. 하지만 판매 상품으로서의 도서는 마진이 크지 않은 상품인 데다 사람들이 매일 소비할 수 있는 상품도 아니다.

물론 갖고 싶고 읽고 싶은 책 목록이 5천여 권 가까이 쌓여있다. 그렇다고 한정된 공간과 예산으로 모든 책을 다 들여놓을 수는 없다. 그렇게 서점인 듯 서점 아닌 서점 같은 모양으로 머물다가게를 4년간 운영해 왔다. 그러다 작년 봄, 대동 인근 주민들과 함께하는 '즉책 모임'이라는 독서 모임이 생겼다. 이름 그대로 즉흥적으로 만든 책 모임이었다.

처음에는 3명이 시작했는데, 점점 인원이 불어서 어떤 날에는 10명 가까이 모이기도 했다. 대동에 사는 분, 대동에서 일했던 분, 대동을 좋아하는 분 등 대동을 중심으로 모인 동네 책 모임이었다. 모임이 너무 즐거워 우리는 동구청에서 진행하는 '우리 마을 독서동아리 육성사업'까지 신청했다. 50만 원 정도의 도서 구입비도 지원해주는 사업이었다.

모임원분들은 당연히 머물다가게에서 책을 구매하면 되겠다고 생각하셨다. 그런데 지원사업비로 도서를 구매하는 데에 조건이 있었다. '대전 동구 지역인증서점'을 통해서만 책을 구매해야 했던 것이었다. 당시 '대전 동구 지역인증서점'은 12개가 있었는데, 대부분 학교 인근에 있는 참고서 판매 위주의 서점이었다. 서점에서 책 모임을 하는데 책을 구매할 수 없다니.

결국 나는 지역서점 인증 신청을 하기로 했다. 그러려면 먼저 도서 판매 면적을 늘려야 했다. 새로운 가구를 사서 흩어두었던 굿즈를 한곳에 모으고, 책장을 비웠다. 작은 책장이라 생각했는데 책을 꽉 채워 꽂으니 한 칸에 25~30권까지도 책이 꽂혔다. 그 말은 즉, 대량의 책을 구비해야 한다는 뜻이었다. 평소에 비워두었던 테이블 위에도 책을 가득 올려두었다.

갑자기 많은 책을 고르는 일은 쉽지 않았다. 평소 갖고 싶었던 책의 목록은 넘쳤지만 머물다가게의 성격과 어울리고, 손님들이 좋아하실만한 책을 고르고 골라야 했다. '인디펍'이라는 사이트를 통해서 대형서점에서는 잘 유통되지 않는 다양한 독립출판물도 많이 들였다. 작은 책방을 좋아하시는 손님들에게 닿을 수 있는 책을 열심히 찾았다.

그렇게 책 300여 권을 새롭게 채웠다. 책으로 꽉 찬 머물다가게의 모습은 전보다 훨씬 더 책방다워 보였다. 도서의 종류가 많아지니 책을 고르며 더 오래 머물다 가시는 손님도 늘었다. 장르별 도서 구분이 영 재미없어 '삶'을 키워드로 나름대로 큐레이션을 시도했는데, 이 또한 반응이 좋았다.

나다운 삶, 누군가의 삶, 기억하는 삶, 사유하는 삶, 기획하는 삶, 어딘가의 삶, 떠나는 삶, 예술적인 삶까지. 책을 분류하자 머물다가게의 방향성과 특색이 고스란히 드러났다. 책방지기가 어떤 삶을 원하는지 말하지 않아도 보일 듯했다. 좋은 책은 삶을 바꾼다고 믿는다. 어쩌면 우리는 모두 삶의 작은 변화를 기대하며 책을 읽는 것이 아닐지.

  책은 내가 소장하고 싶은 책만 들여놨다. 혹은 내가 읽고 너무 좋아서 소개하고 싶은 책들과 함께. 한꺼번에 책을 들여놔서 아직 다 읽어보지는 못했지만, 누군가의 손에 들려 나가는(?) 책을 볼 때마다 뿌듯한 기분이 들었다. 이 맛에 책방 주인을 하는구나! 책팔이의 즐거움을 비로소 깊이 깨달았다. 결국, 책을 파는 속도보다 책을 사들이는 속도가 점점 빨라지고 말았다.

2024.2.7.

외향인 책방지기가 책방을 운영하면

✦

책방이 한층 더 책방다워지면서 진행하는 프로그램도 조금씩 진화했다. 처음에는 〈머무는 밤〉이라는 이름의 아트 클래스를 위주로 진행했다. 이것은 지역 작가와 만나는 문화예술 원데이 클래스 프로그램이었다. 책이 늘어나고부터는 책과 관련한 프로그램을 더 많이 만들고 싶어졌다.

제일 먼저 시작한 건 머무는 북클럽 〈책에 머물다〉 프로그램이었다. 같은 키워드의 책을 자유롭게 골라 읽고 나누는 독서모임이다. 보통은 하나의 책을 선정해서 함께 읽고 나누는 독서모임이 많은데, 조금 다른 방식으로 해보고 싶었다. 각자 다른 책을 가져와서 소개하니 훨씬 더 풍성하고 즐거웠다.

키워드에 맞는 책을 찾기가 어려우신 분들을 위해 '머무는 주제책'이라는 이름으로 책을 여러 권 골라서 들여놓기도 했다. 하지만 책을 고르는 데에 생각보다 많은 시간이 들었고, 판매로는 잘 이어지지 않았다. 그러다 보니 매월이 아닌 격월로 겨우 프로그램을 진행할 수밖에 없었다.

책을 사주시면 너무나 감사한 일이지만, 그보다는 책을 읽고 함께 주제에 대한 이야기를 나누는 시간을 갖는 것이 더 중요했다. 그래서 앞으로는 '머무는 주제책'을 많이 선별하는 대신에 한 달에 한 번 정도 짧은 주기로 운영해보기로 했다. 하고 싶은 키워드가 많이 쌓여있어 한 달에 한 번도 부족하게 될지도 모르겠다.

〈책에 머물다〉 프로그램에 참여하신 분들의 반응은 꽤 좋았다. 키워드가 매번 달라지니 각자의 관심사에 따라 신청하셔서 매번 다양한 분들이 모였다. 어떤 때에는 참가자들의 분위기가 너무 좋아 단톡방을 개설해달라고 하시기도 했다. 내가 직접 호스트를 하는 것이 부담스럽기도 했지만 언제나 참여해주신 분들의 힘으로 잘 이끌어졌다. 참 감사한 일이다.

책 관련 프로그램을 몇 번 하다 보니 조금씩 더 욕심이 생겼다. 책방에서 해보고픈 프로그램이 점점 쌓였다. 하고 싶은 프로그램이 생각나면 자다가도 벌떡 일어나 메모했다. 상상하는 것만으로도 즐겁고 설렜다. 하지만 모든 걸 내가 혼자 진행할 수는 없었다. 프로그램을 이끌어주실 호스트를 적극적으로 모셔야 했다. 기꺼이 함께 해주신 분들 덕분에 〈문장에 머물다〉라는 글쓰기 모임과 〈고전에 머물다〉라는 읽기 모임도 생겨났다.

〈드로잉여CLUB〉이라는 이름의 드로잉 모임도 시작했는데, 4주 이상 연속해서 매주 만나다 보니 끈끈한 관계가 이어지고 있다. 그 외에도 '머물다'라는 이름을 달아 여러 가지 프로그램을 연달아 만들었다. 기독교 도서를 중심으로 나누는 〈말씀에 머물다〉, 함께 동네를 산책하는 〈풍경에 머물다〉, 영화 이야기를 나누는 〈영화에 머물다〉, 작가님을 모시고 이야기 듣는 〈작가와 머물다〉, 함께 모여 이야기하는 〈같이 머물다〉, 소소한 문화생활을 즐기는 〈예술에 머물다〉까지.

참가자 모집 포스터를 모아놓고 보니 아주 알록달록했다. 빨주노초파남보의 색으로도 부족했다. 한 달에 프로그램이 없는 날이 며칠 없을 정도로 꽉 찬 달도 있었다. 몸은 좀 피곤했지만 행복했다. 그즈음 주변분들로부터 "요즘 행복하시죠?"라는 질문을 많이 받았다. 그럼 나는 망설임 없이 "네! 엄청 행복해요!"라고 대답하곤 했다.

잦은 프로그램으로 많은 분이 머무르시다 보니 책방의 부족한 점이 하나둘 보이기 시작했다. 일단 프로그램을 진행하는 공간이 비좁았다. 6~8명의 인원이 겨우 수용되는 작은 크기인데, 손님들이 움직이실 때마다 서로에게 미안해하시는 모습에 왠지 죄송스러웠다. 불평하신 분은 없었으나 내 마음속에는 더 넓은 공간에 대한 바람이 점점 쌓이기 시작했다.

프로그램을 진행할 때마다 테이블 위에 올려두었던 책을 치우고 다시 세팅하는 수고도 점점 피곤해졌다. 매대 공간과 프로그램을 진행할 수 있는 공간이 분리되어 있으면 좋겠다는 소망도 생겨났다. 게다가 나만 이용하던 화장실을 모두와 함께 사용하다 보니 낡고 불편한 화장실과 찬물만 나오는 수도도 거슬리기 시작했다.

그러던 어느 날, 머물다가게 바로 옆에 있는 미용실 사장님께 갑작스러운 소식을 들었다. 우리 건물이 포함된 '대동 4·8구역'이 재개발을 위해 세입자 조사를 시작했다는 소식이었다.

2024. 2. 8.

저 쫓겨나긴 싫은데요

✦

　머물다가게가 있는 건물인 대전 동구 대동 8-20번지는 참으로 묘한 위치에 있다. 대학로가 있는 번화가에서 5분 정도 걸어 올라가다 보면 점점 분위기가 바뀐다. 각종 식당과 카페가 즐비한 큰 도롯가를 지나면, 주택이 옹기종기 모여 골목을 이룬다. 우리가 처음 가게를 열었을 때는 마침 대동에 '도시재생 뉴딜사업'을 막 시작하던 때였다.

　도시재생 뉴딜사업이 진행되는 구역은 머물다가게 건물의 바로 앞집부터였다. 머물다가게가 있는 건물은 '대동 4·8구역'이라는 재개발 구역이었다. 머물다가게 앞에 난 작은 골목의 왼쪽 집들은 도시재생 뉴딜사업에도 대동 4·8구역에도 포함되지 않았다. 지도로 보면 모양이 참 희한했다. 머물다가게는 각기 다른 상황에 놓인 세 구역이 모이는 지점에 있었다.

　가게를 처음 구할 때만 해도 건물이 재개발 구역에 있다는 사실이 크게 와닿지는 않았다. 2008년에 정비구역으로 지정이 되었지만, 진짜로 재개발이 될 것인가에 대해서는 여러 말이 있었다. 오랫동안 대동에 살며 일해오신 주민들의 반대도 많다고 들었다. 그런데 어느 날부터 갑자기 동네에 여러 건설사의 현수막이 여기저기 붙기 시작했다.

결국 2019년 11월에 설계자가 선정되었고, 2020년 3월에는 재개발 조합이 설립됐다. 그 이후로 마을이 조금씩 들썩이는 게 느껴졌다. 동네를 어슬렁거리다가 내게 웬 주소를 보여주며 건물의 위치를 묻는 사람들도 있었다. 정장을 입은 낯선 사람들이 마을을 오가기도 했다. 대동에 땅과 집을 보러 다니는 사람들이었다. 나는 조금씩 불안한 마음이 들었다.

머물다가게에 시한부 판정이 내려진 것 같아 조급해졌다. 내가 사는 자양동에서 서점이 있는 대동으로 출근할 때마다 필름 카메라를 들고 사진을 찍었다. 언젠가는 매일 보던 풍경이 한순간에 다 사라져 버릴지도 몰라서였다. 그렇게 마을의 기록이 쌓여갔고, 그 기록은 어느덧 4년을 꽉 채웠다.

그 사이 부동산의 위기가 찾아왔다. 재개발의 바람도 다소 잠잠해진 듯 보였다. 그간 쌓아둔 기록을 책으로 엮어야겠다는 생각이 들었다. 하지만 특별한 계기가 없었다. 누가 나를 재촉하지도 않았고, 꼭 해야만 하는 의무도 없었다. 그러던 중에 동네 친구가 '서울 퍼블리셔스 테이블'이라는 독립출판 페어에 도전해보자는 제안을 했다.

'서울 퍼블리셔스 테이블'은 2013년에 시작해서 지금까지 꾸준히 운영하는 독립출판 마켓이다. 전국의 독립출판물 창작자들이 모여 각자의 테이블에서 자신의 작품을 판매하는 것이다. 그동안 소비자로 몇 번 가본 적이 있었으나 직접 셀러가 되어 참여할 생각은 하지 못했었다.

셀러로 지원하기 위해서는 1종 이상의 직접 출판한 독립출판물이 있어야 했다. 이때다 싶은 생각이 들었다. 그간 미루었던 대동의 풍경 사진을 담은 책을 이참에 만들기로 다짐했다. 덕분에 『대동에 머물다』라는 사진집이 탄생했다. 역시 창작의 원동력은 마감일로부터 나온다는 걸 실감했다.

이렇게 책을 만들며 열심히 북페어를 준비하고 있던 어느 날, 대동 4·8구역의 세입자 조사 소식을 듣게 된 것이었다. 어쩌면

정말로 『대동에 머물다』 사진집 속에 담긴 풍경이 곧 유물이 될지도 모를 일이었다. 물론 세입자 조사를 한다고 해서 당장 재개발이 이루어지는 것은 아니겠지만, 언젠가는 쫓겨나게 될 거라는 생각에 다시 또 불안해졌다.

하지만 불안은 잠시 덮어두고, 북페어 준비에 힘을 쏟아야 했다. '2023 서울 퍼블리셔스 테이블'은 대구 더 현대와 서울 무신사 테라스 두 곳에서 열렸다. 셀러로서 첫 참여였지만 더 많은 경험을 하고 싶은 마음에 두 지역 모두 참여했다. 잊지 못할 경험과 커다란 에너지를 많이 얻고 온 시간이었다.

북페어를 마치고 돌아온 후, 마음속에 작은 씨앗이 심어졌다. '저 쫓겨나긴 싫은데요.' 이 씨앗은 결국 '차라리 제 발로 나갈래요.'라는 마음으로 훌쩍 자라났다. 다소 무모하고 충동적인 마음이었다. 하지만 멈출 수가 없었다. 어느새 내 발은 부동산을 향했다. 그 어느 때보다도 열심히 동네 구석구석을 다시 누비기 시작했다.

2024.2.13.

세상에서 가장 감동적인 설문조사

✦

 머물다가게를 이사해야겠다는 마음을 먹고 난 뒤, 내 앞에 펼쳐진 길은 결코 평탄하지 않았다. 부동산 경기 불황과 미친 듯이 오른 물가로 괜찮은 매물을 찾는 것이 정말 어려웠다. 지금보다 더 넓고 좋은 공간으로 옮긴다는 건 그야말로 사치였다. 특히 지금 책방이 있는 대동의 시세는 이미 말도 안 되게 올라 있었다.

 최대한 대동하늘공원 주변을 떠나고 싶지 않았지만, 매물도 많지 않았을뿐더러 대부분 심하게 노후한 건물이 많았다. 어쩌다 한 번씩 매물이 떠서 보면 월세가 후덜덜했다. 지금은 25만 원 정도의 월세를 둘이 나눠 내고 있는데, 20평대의 건물로 가려면 최소 50~60만 원의 월세를 홀로 감당해야 했다.

 마음이 복잡했다. 호기롭게 이사 가겠다 말을 뱉어놓고 보니 닥친 현실이 막막했다. 하루에도 몇 번씩 마음이 바뀌었다. "그래, 가자! 이제는 옮길 때가 된 거야!" 했다가도 "아니야… 지금 이런 상황에서 이사를 어떻게 가…" 하며 마음이 오락가락했다.

결정권은 온전히 내게 있는데, 마음이 영 어지러워 정하기가 어려웠다. 처음부터 다시 곰곰이 생각했다. '지금 이대로도 괜찮았는데, 내가 왜 공간을 옮기려 했지?' 생각해보니 이건 나만의 욕심이 아니라 가게를 찾아주신 손님들을 위한 욕심이었다. 그러니 손님들의 이야기를 더 자세히 들어봐야 했다.

결국, 결정을 내리기에 앞서 〈머물다가게 고객 의견 조사〉를 해보기로 했다. 구글폼으로 설문조사 양식을 꼼꼼하게 만들었다. 구구절절 인사말을 전하고, 머물다가게를 아껴주시는 손님들의 소중한 의견을 듣기 위해 이렇게 간청했다.

"머물다가게에 행복하게 머물러 주신 많은 분을 떠올리며, 이 공간이 결코 한 사람만의 것은 아니라는 생각이 들었습니다. 그래서 제 뜻과 생각뿐 아니라 많은 분의 의견을 함께 듣고 싶습니다. 물론 책방에서 책을 팔아서만 먹고 살기는 여전히 어렵습니다. 끝이 언제일지는 알 수 없지만, 책방을 오래도록 하고픈 것이 저의 소망입니다. 저희의 이름처럼 조금 더 머물다가기 좋은 공간이 되길 꿈꾸고요. 본 〈머물다가게 고객 의견 조사〉 설문에 대한 응답으로 여러분의 소중한 의견을 들려주시면 정말 감사하겠습니다. 앞으로 제가 많은 결정을 하는 데에 아주 큰 도움이 될 것 같아요. 익명으로 진행하는 설문입니다. 솔직하고 냉철한 의견을 가득 담아주시면 감사하겠습니다!"

설문조사의 결과는 아주 명쾌하고 감동적이었다. 대부분 두 번 이상 재방문을 해주셨거나 단골손님이신 분들이 설문에 참여해주셨다. 머물다가게에서 참여한 프로그램에 대한 만족도는 대부분 다 높았다. 하지만 방문 만족도에서 아쉬워하신 부분은 편의시설과 위치, 공간 크기에 대한 부분이 많았다.

머물다가게를 옮긴다면 어떤 점이 개선되면 좋을지 묻는 질문에서도 1위는 '공간 크기 확장'이었고, 2위가 '위치 이동', 3위가 '판매 상품 종류 확대'였다. 책 이외의 판매 상품에 대해서는 공동 1위가 '커피·차', '굿즈·선물용품'이었고, 2위가 '문구류', 3위는 '공간 대여'였다. 손님들이 원하시는 서비스가 그래프로 한눈에 보이니 단번에 감이 잡혔다.

가장 궁금했던 항목은 '머물다가게 공간을 옮긴다면 어느 동네가 좋을까요?'에 대한 답이었다. 대동을 떠나지 말라는 의견이 21.1%였고, 대전이면 어디든 괜찮다는 의견 역시 21.1%였다. 대동과 인접한 동네나 동구 이내까지는 괜찮다는 의견도 15.8%로 동일했다. 기타 의견에는 대전의 중심가나 교통이 편리한 곳에 있었으면 한다는 의견도 더러 있었다.

설문조사 답변으로 인해 어지러웠던 마음이 많이 정리되었다. 부동산 매물이 없어 한창 고민이 많았던 때였는데, 성심성의껏 설문조사에 응해주신 손님들 덕분에 길 위의 안개가 걷히는 기분이 들었다. 특히 '하고 싶으신 말씀'을 남겨주신 분들의 이야기는 하나하나 전부 다 가슴을 울렸다. 문장이 지닌 힘을 다시 한번 느꼈다. 감동을 주신 손님들 덕분에 머물다가게 시즌 2가 비로소 시작되었다.

2024.2.14.

저는 머물다가게가 소수의 사람들과 집중하는 곳이라서 좋아요.
친정 시골집 가는 기분이에요.

머물다가게 너무 소중하고 좋아하는 곳이에요. 저도 같이 고민할게요.
머물다가게 화이팅! 정신없겠지만 하나씩 해결해 나가보아요)_〈

우리 지역에 머물다가게 같은 지역성을 띤 로컬서점이 있어서 좋아요.
더욱 안방마님같이 동구를 호령하며 문화 살롱으로 거듭나면 좋겠어요.
새 공간 기대됩니다!

따뜻한 분위기가 있는 머물다가게를 알게 돼서 참 감사하게 생각합니다.
책과 관련된 다양한 프로그램들 앞으로도 많이 많이 해주세요^^

날이 많이 춥네요. 사장님, 머릿속이 많이 어지러우시겠지만
어딘가에 계속계속 머물러주세요!

— 〈머물다가게 고객 의견 조사〉 중에서

나에게 작은 소망이 있다면

✦

〈머물다가게 고객 의견 조사〉의 결과를 보고 방향성이 많이 잡혔다. 쫓겨나기 싫어서 내 발로 나가겠다는 허무맹랑한 선언에도 이토록 따스한 응답을 해주시다니. 덕분에 소중한 의견을 매일 곱씹으며 내 생각과 고집을 조금씩 고쳐나갔다. 나 혼자만 쓰는 작업실이 아니라 여러 사람과 함께 나누는 공간이기에 고객분들의 의견을 적극 반영하기로 했다.

우선 '대동하늘공원'에 대한 집착을 조금 내려놓았다. (원래는 하늘공원 풍차 가까이 더 올라가고 싶었다.) 물론 여행자들이 하늘공원을 방문하면서 머물다가게를 들르시는 경우가 많았지만, 더 깊은 골목으로 가면 자주 찾아주시는 단골손님들에게는 오히려 접근성이 떨어지는 꼴이었다. 대동하늘공원과 가까울수록 좋을 거라는 생각은 대단한 착각이었다.

'대동'이라는 틀을 벗어나자 고려해 볼 매물이 훨씬 늘었다. 게다가 시세도 더 저렴했다. 하지만 애초에 책방을 만들 때 내가 사는 동네에 문화공간이 없어서 아쉬운 마음으로 시작했던지라, 이 동네를 크게 벗어나고 싶지는 않았다. 대동과 인접한 자양동, 용운동, 신안동, 신흥동까지 매물을 더 찾아보기 시작했다.

하지만 뭐니 뭐니 해도 가장 좋은 위치는 지금의 머물다가게와 멀지 않은 곳이라 생각했다. 그래야 혹시 나중에 손님들이 이사한 줄 모르고 잘못 오셨더라도 금방 다시 찾아오실 수 있을 것 같았다. 매물을 하나둘 더 살펴보다 보니 정말 다양한 크기와 모양, 조건, 상황의 공간이 많았다. 부동산은 적어도 6개월은 봐야 한다는 말을 들어봤기에 여유를 가지고 살피기로 했다.

몇 달간 동네를 구석구석 걸으며 시세를 아주 꿰뚫게 됐다. 하지만 여러 가지 매물 가운데 결정을 내리기 위해서는 나만의 기준이 필요했다. 먼저 내가 가장 바라고 필요한 부분이 무엇인지 생각해봤다. 정리해보니 다음과 같았다.

1. 현재 머물다가게에서 많이 멀지 않은 곳
2. 버스정류장에서 가깝고, 주차하기 편한 위치
3. 택배를 받기 좋고, 걷다가도 눈에 띌 수 있는 1층
4. 매대와 클래스 공간을 분리할 수 있는 20평대의 크기
5. 주방에서 따뜻한 물이 나오고, 좌변기가 있는 화장실

나열해 보니 꽤 소박한 소망이었다. 그래도 이 소망이 이루어진다면야 더 바랄 것이 없었다. 하나씩 놓고 보면 큰 조건이 아

닌 것 같았는데, 이 다섯 가지의 조건을 완벽하게 갖추고 있는 매물을 찾기란 쉽지 않았다. 상태가 좋은 신축 건물의 경우, 월세가 무려 90만 원 가까이하는 곳도 있었다. 오래된 동네에서 괜찮은 상가를 찾는 것은 생각보다 어려웠다.

그나마 위치나 크기의 조건이 맞는 곳은 대부분 오래된 주택인 경우가 많았다. 동네의 특성상 어쩔 수 없는 부분이었다. 지금 살고 있는 본가도 노후 주택이어서 불편함을 누구보다 잘 알기에 주택은 엄두가 나지 않았다. 게다가 주택 매물은 거의 월세가 아닌 매매로 나온 경우가 많았다. 평생 머문다는 큰마음을 먹지 않는 이상 주택 건물을 선택하기는 쉽지 않았다.

그렇게 몇 달이 흘렀다. 매일 밤 자기 전에 부동산 어플을 켜고 새로운 상가 매물이 올라오지 않았는지 살피고 또 살폈다. 적당한 곳을 찾지 못해 한숨이 푹푹 나오고 기운이 쭉쭉 빠졌다. 한창 고민하던 때에 사업을 오래 하신 주변 분들의 이야기가 귀에 들려왔다. 지금까지 사업하며 쓴 돈 중에 가장 아까운 것이 월세라는, 매년 월세를 올리는 건물주 때문에 고통스럽다는, 내 건물을 사는 게 최고라는.

사업 선배님들의 이야기와 조언이 허투루 들리지 않았다. 마음이 조금씩 꿈틀대기 시작했다. '그래, 건물을 매입하자! 이참에 건물주가 되는 거야!' 하지만 내게는 가장 중요한 예산이 충분하지 않았다. 어떻게든 되겠지! 나에겐 소망이 있는걸! 계산기는 차차 두드려 보지 뭐! 혹시 알아? 운명 같은 건물을 만나게 될지! 월세만 알아보던 나는 매매까지 확장해 다시 매물을 찾기 시작했다.

2024.2.15.

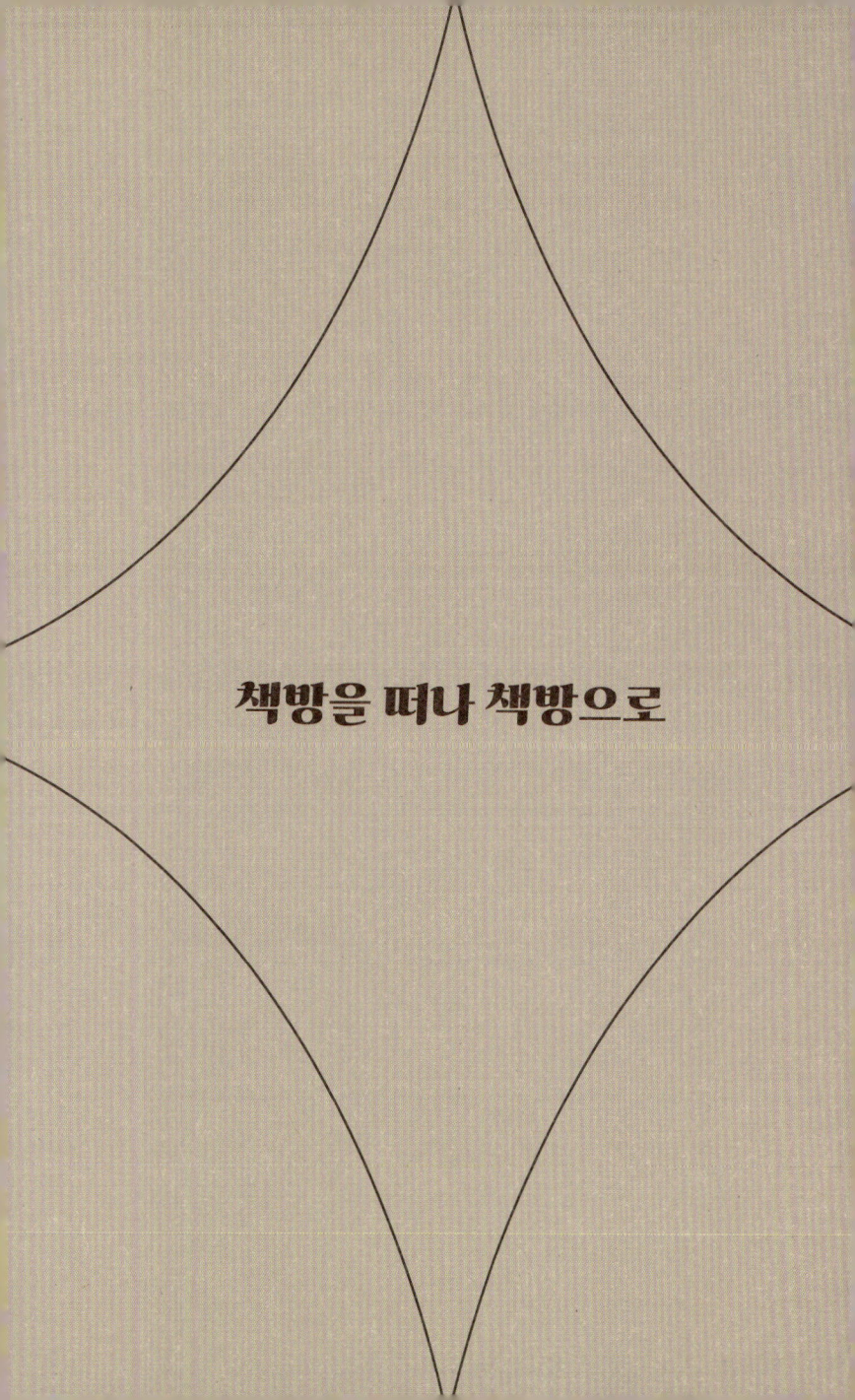

책방을 떠나 책방으로

부동산 유목민의 지친 하루

✦

 건물을 매입하는 선택지까지 열어두고, 시세를 다시 알아봤다. 살펴보니 불과 2~3년 전만 해도 단독주택이 1억 초반에서 중반대 가격이었다. 심지어 1억 미만의 매물도 꽤 있었다. 하지만 이미 지난 매물이니 그것은 내 것이 아니었다. 지금은 적어도 2~3억 정도의 시세가 대부분이었다.

 게다가 나는 주택을 거주 목적으로 매입하는 것이 아니기 때문에 용도 변경이 가능한 조건인지도 살펴봐야 했다. 부동산의 'ㅂ'도 잘 모르던 내게 각종 부동산 용어가 쏟아지니 어지러웠다. 세입자로 임대차계약을 맺는 것과 건물주가 되어 등기권리증을 받는 것은 차원이 다른 일이었다. 매일 유튜브 강의를 찾으며 부동산 속성 공부를 했다.

 부동산에도 이야기하고 부동산 앱도 수시로 살폈지만, 더 적극적인 발품이 필요했다. 역시 누구보다 매물로 나온 건물에 대해 제일 잘 아는 사람은 동네 사람이었다. 마을을 구석구석 다니며 혹시 내놓은 매물이 없는지, 괜찮은 매물은 없는지 살피고 또 살폈다. 그러다가 정말 동네 주민분에게 적당한 매물을 직접 소개받기도 했다.

처음에 소개받은 매물은 꽤 저렴했다. 5천만 원에 20평대를 전부 쓸 수 있는 1층 상가였다. 지금 머물다가게의 두 배 정도 크기여서 내 필요에 딱 맞았다. 이 정도면 대출을 받지 않아도 이사할 수 있을 것 같았다. 나는 이 건물에 꽂혀서 다른 매물은 눈에 들어오지도 않았다. 그런데 문제가 있었다. 건물주이신 할아버지가 돌아가셔서 자식 네 명이 함께 물려받은 건물이었던 것이다.

그 말은 즉, 네 명의 자식이 다 같이 합의해야 건물을 팔 수 있는 것이었다. 당장 급한 것은 아니니 기다리겠다고 했다. 하지만 한 달이 지나고 두 달이 다 되어가도 감감무소식이었다. 게다가 그 매물을 보러 왔다 갔다 할 때마다 주변 동네 분들이 건물에 얽힌 안 좋은 소식을 전해주셨다. 결국, 그 가족은 끝내 합의하지 못했고, 그렇게 첫 번째 매물이 날아갔다.

단번에 내 건물을 찾는 것은 욕심이었을까. 건물에 들어가서 실측하고 도면까지 그려가며 상상의 나래를 펼친 몇 달간의 시간이 포르르 물거품이 되어 날아갔다. 처음 본 매물의 연락을 기다리는 사이, 두 번째 매물도 보긴 했었다. 하지만 처음 본 매물의 거의 5배에 달하는 금액이어서 꿈도 꾸지 않았다. (결국은 나중에 이 매물을 계약하게 되었는데 이때는 상상도 못 했다.)

첫 번째로 본 매물은 날아갔고, 두 번째로 본 매물은 엄두가 안 났다. 그 뒤로 몇 달 동안 여러 매물을 더 살펴봤다. 좀 괜찮다 싶은 건물이면 집안에 사연이 있거나, 건물 소유권에 문제가 있거나, 너무 오래 방치되었거나, 터무니없이 비쌌다. 여름부터 발품을 팔아 부동산을 보러 다니기 시작했는데 어느덧 가을이 훌쩍 지났다. 매물을 발견할 때마다 김칫국을 너무 많이 마셔서 속이 쓰렸다. 난 조금씩 지치기 시작했다.

나에게 딱 맞는 건물은 없는 걸까? 역시 무턱대고 건물을 매입하는 건 욕심이었을까? 조금 비싸도 그냥 상가 월세로 들어갈까? 아니면 조금 멀리 다른 동네도 살펴볼까? 차라리 우리 집을 고쳐서 서점을 해볼까? 아니다 그냥 이사하지 말까? 아직 때가 아닌 거 아닐까?

여러 가지 생각이 머릿속을 복잡하게 만들었다. 점점 신경이 예민해지다 보니 살이 빠지고 얼굴도 퀭해지고, 마음의 평화도 조금씩 깨지기 시작했다. 그러다 어느 날은 가족과도 갈등이 일어났다. 사실 내가 모은 돈으로는 턱없이 부족해서 건물을 담보로 대출을 받고, 부모님의 연금까지 끌어모아 예산을 마련해야 하는 상황이었다. 예민한 돈 이야기가 오가며 가족회의도 점점 거칠어졌다.

이토록 절실한 상황을 왜 굳이 굳이 만들면서 이상과 현실의 부딪침을 맞닥뜨려야 하는지 자괴감까지 들었다. 그냥 손님들이 편안하게 머물다 가실 수 있는 조금 더 넓은 공간을 갖고 싶었던 건데, 그 소박했던 소망이 허무맹랑한 욕심처럼 느껴졌다. 나는 다 내려놓는 심정으로 무릎을 꿇고 눈물을 흘리며 기도했다. 무엇이 맞는 길인지 알고 싶었다.

   결국, 머물다가게 이전에 대해 원점으로 돌아가 처음부터 다시 생각하기로 했다.

2024.2.16.

너, 내 건물이 돼라

✦

  나는 크리스천이다. 배 속에 있을 때부터 어머니의 기도로 자란, 일명 모태 신앙인이다. 신이 존재하냐 아니냐의 질문은 내게 큰 의미가 없다. 살면서 여러 일을 겪고 때로는 신앙이 흔들릴 때도 있지만, 한 번도 하나님의 존재 자체를 의심한 적은 없다. 학창 시절부터 청년 때까지 가장 오래 다닌 교회를 떠난 뒤에도 그랬다. 죽도록 미운 인간이 생겼을 때도 그랬다. 몇몇 이단에 시달렸을 때도 그랬다.

  하지만 가끔은 그분의 존재를 잊고 산다. 그럴 때마다 그분은 살아계심을 내게 보여주신다. 내가 멍청할수록 빠르고, 아주 명확하게. (나는 대개 멍청할 때가 많아서 주로 분명하게 여러 번 확신을 주시곤 한다.) 자포자기하는 심정으로 무릎을 꿇고 머리를 바닥에 박고 펑펑 울며 기도한 다음 날, 내가 섬기고 있는 김용주 목사님과 점심 약속이 있어 만났다.

  22살에 대학교 동아리 활동을 하며 만났던 김용주 목사님은 건물이 있는 교회가 아닌, 대학교 캠퍼스에서 사역을 하고 계신 분이다. 내가 오래 다닌 교회를 떠나며 혼란스러웠을 때도, 죽도록 미운 인간 때문에 고통스러웠을 때도, 이단에 시달리며 당황했을 때도 곁에서 늘 조언과 기도를 해주셨다. 머물다가게 시즌 2를 준비하는 과정에서도 진심 어린 기도와 응원을 해주신 덕에 큰 힘을 얻곤 했다.

한 해의 마무리를 앞두고 만났던 목사님께 나는 사실대로 다 말씀드렸다. 머물다가게 이전은 잠시 미루고 더 기도해보기로 했다고. 목사님은 담담하고 평온한 표정으로 잘했다고 말씀하셨다. 그리고 새해 말씀 카드를 꺼내시며 가장 좋아하는 색을 골라보라고 하셨다. 나는 보라색 말씀 카드를 골랐다. 그리고 뽑은 말씀을 여러 번 되뇌었다. 흔들리고 흔들리다가 책방 이전을 포기하기 직전에 서 있던 내게 너무 확신을 주시는 말씀이라 조금 의아했다.

다음 날 아침, 그림책 독서치료 수업을 듣고 있는데 어머니께 다급히 전화가 왔다. 부동산 사장님의 연락을 받고 하신 전화였다. 책방 이사를 잠시 미루기로 했다는 우리의 이야기를 들으신 사장님이 건물주와 극적인(?) 가격 협상에 성공했다는 놀라운 소식이었다. 그 건물은 너무 비싸서 애초에 꿈도 꾸지 않았던, 우리가 두 번째로 보았던 매물이었다. 그 건물을 무려 2천만 원 가까이 깎아주신다고 했다.

말도 안 되는 일이었다. 그 금액은 가능하다고 생각한 예산의 마지노선에 딱 맞았다. 나는 일단 계약금을 바로 넣었고, 주말에 만나 계약을 하기로 약속을 잡았다. 얼떨떨했다. 다 포기하는 마음으로 내려놓은 것이 정확하게 엊그제였는데, 이틀이 채 지나기도 전에 계약이 성사되다니. 전날 뽑은 말씀 카드를 다시 들여다봤다. '할렐루야!'를 외칠 수밖에 없었다.

알고 보니 건물주분은 얼마 전에 계약이 코앞까지 갔다가 엎어져 속상하신 상황이었다. 우리는 몇 달째 적당한 매물을 찾지 못해 전전긍긍하다가 포기하기 직전인 상황이었고, 이 상황을 지켜보신 부동산 사장님이 파격적인(?) 가격을 제안하신 거였다. 건물주분도 뭔가에 이끌린 듯이 그럼 그렇게 하자는 대답을 뱉어버리신 거라고 했다.

  더 놀라운 건 그다음에 이어지는 이야기였다. 여름에 우리가 처음 건물을 보러 갔을 때, 건물주분은 우리와 계약이 성사되기를 바라는 마음에 새벽기도회와 금요 철야 예배까지 다니며 열심히 기도하셨다고 했다. 알고 보니 건물주분도 독실한 크리스천이셨던 거다. 우리는 매도인, 매수인으로 만난 자리에서 각자의 신앙 간증을 털어놓으며 계약서에 도장을 찍었다.

  계약서를 작성한 뒤 집을 다시 방문해 보니 이제야 건물이 제대로 눈에 들어왔다. 건물주분의 집에는 커다란 성경책이 펼쳐져 있었고, 말씀을 적은 붓글씨 액자와 최후의 만찬 그림까지 걸려있었다. 처음에는 예사로 보았던 부분들도 다시 한번 꼼꼼히 보니 정감이 가고 느낌이 좋았다.

  부동산은 운명이고, 타이밍이라는 말을 실감했다. 내 사정을 들으신 건물주분은 10년 넘게 살아온 집이 좋은 일을 하는 데에 잘 쓰였으면 좋겠다며 응원해 주셨다. 그 뒤로 건물주분의 이사도 예상보다 빠르게 이루어졌다. 집을 잘 판 덕분에 집안에 좋은 일도 많이 생겼다며 기뻐하셨다. 모든 것이 감사했다. 불안하게 흔들렸던 마음에 커다란 추를 매단 것처럼 점점 큰 확신이 생겼다.

2024.2.19.

브랜딩, 그거 대체 어떻게 하는 건데

✦

 집 계약을 맺고, 잔금을 치르기까지 한 달 정도 시간이 남았다. 집주인분이 이사 가시기 전까지는 공간에 마음대로 들어갈 수는 없었다. 그래도 허락해주셔서 꼼꼼히 사진과 영상으로 공간의 모습을 담아왔다. 영상을 보며 이러쿵저러쿵 새로운 머물다가게의 모습을 상상하고 그려보는 것이 한 달 동안 내가 할 수 있는 일이었다.

 이 집은 정말 구조가 독특했다. 실제 건물은 2층짜리의 집인데, 2층은 없는 것처럼 보였다. 비탈길 위에 집이 있기 때문이었다. 위에서 보아도 1층이고, 아래에서 보아도 1층이다. 예전에는 이 집에 세 가구가 살았다고 한다. 1층은 완전히 독립된 공간으로 분리되어 있고, 2층도 집 안으로 들어가는 문이 두 개나 있다.

 집안의 모습은 더 특이했다. 밖에서 건물을 바라봤을 때는 분명 커다란 유리창이 보였는데, 집안에서 보면 그냥 모두 벽이었다. 알고 보니 창이 너무 커서 스티로폼으로 창을 막고 그 위에 벽지를 발라 생활하셨던 거였다. 화장실도 안과 밖에 두 개가 있고, 다락방 역시 두 개나 있었다.

 네모반듯했던 공간에서 여러 개로 쪼개진 공간으로 이사를 하려니 고민이 많아졌다. 지금의 책방과는 사뭇 다른 분위기여서 색다른 콘셉트가 필요했다. 이제 와 고백하자면 사실 지금의 인테리어는 완전 나의 취향과 일치하지는 않는다. 공간이 작고, 짙은 푸른색의 벽지로 된 곳이어서 화이트와 밝은 우드톤의 인테리어를 선택했던 거였다.

 지금 책방이 있는 공간은 상가주택이지만, 새로 이사할 공간은 완전히 주택이다. 요즘은 주택을 개조한 가게가 많이 생기고 있지만, 먼저 머물다가게만의 차별화된 콘셉트부터 정해야 했다. 나는 머물다가게가 앞으로 어떤 공간이 되길 바라는지 생각해 봤다. 그러다 〈머물다가게 고객 의견 조사〉에서 한 고객님이 남겨주신 글이 떠올랐다. 머물다가게가 '친정 시골집' 같다는 이야기였다.

 '친정 시골집'은 왠지 세련되고 깔끔한 이미지보다는 투박하고 푸근한 이미지가 떠오른다. 1980년에 태어난 주택인 머물다가게의 새 공간과도 너무 잘 어울리는 단어였다. 핀터레스트에서 수많은 인테리어 레퍼런스를 보며 모든 게 다 좋아 보이고 예뻐 보여서 고민을 했던 나는 그제야 아차 싶었다. 진짜 중요한 건 인테리어가 아니라 브랜딩이었던 거다.

 네이버 지식백과에서 '브랜딩'을 검색하면 이렇게 설명한다.

"브랜딩은 소비자들의 머리에서 시작해서 감정적으로 느끼는 것이다. 소비자들은 특정 브랜드에 신뢰감, 충성도, 편안함 등의 감정을 느끼며, 그런 감정들을 갖게 하는 긍정적인 경험들을 통해 그 브랜드에 가치와 이미지를 부여한다. 따라서 브랜딩이란 진정한 경험을 창조하고 소비자와 진실한 관계를 발전시켜 나가는 과정과 관계의 구축을 통해 형성된다고 할 수 있다."

이 정의를 여러 번 곱씹어 보니 눈에 띄는 반복되는 단어들이 보였다. '감정', '경험' 그리고 '관계'. 결국 브랜딩이라는 건 사람들이 좋은 감정을 경험하게 함으로써 관계를 맺는 것을 의미한다. 그동안 다녔던 공간 중에 내게 좋은 감정을 주었던 공간들을 떠올려보았다. 하나둘 머릿속에 그리다 보니 내가 좋아하는, 나의 취향의 공간이 어떤 모습인지 선명하게 보였다.

세상에 핫하고 힙한 공간은 수없이 많지만, 제일 중요한 건 공간을 만드는 내가 진심으로 좋아하고 나와 어울리는 것이어야 했다. 그래야 다른 이에게도 내가 경험한 좋은 감정을 진정성 있게 나눌 수 있을 것 같았다. 조금 낡고 느린 것을 좋아하고, 아날로그와 빈티지를 애정하는 내가, 내 나이보다 많은 주택을 선택한 것도 어쩌면 자연스러운 일이었다.

나는 원래의 공간이 가지고 있는 특색을 최대한 살리고픈 마음이 들었다. 다소 낡고 촌스러운 부분도 오래된 주택이 가진 매력이라는 생각이 들었다. 요즘은 1인 가구도 많지만 '집'에는 보통 가족이 함께 산다. 어린아이부터 노인까지 누가 머물러도 어색하지 않은 곳이 바로 '집'이다. 집을 더욱 집답게 만들고, 누가 와도 따뜻하게 맞이할 수 있는 공간으로 만들어야겠다는 생각이 들었다.

공간의 방향성이 확실하게 잡히고 나니, 더 이상 힙하고 쿨한 —나와는 전혀 다른 스타일의— 공간들은 눈에 들어오지 않았다. 내 방향과 비슷한 공간들을 더 부지런히 다니고 유심히 살펴보기로 했다.

2024.2.20.

NEW 로고 만들기 대작전

✦

 시즌 2 공간에 어울리는 인테리어 레퍼런스를 계속 찾다 보니 머물다가게의 로고를 새롭게 바꾸고 싶다는 마음이 들었다. 기존 로고는 스노우볼 모양에 대동하늘공원 꼭대기에 있는 풍차를 그려 넣은 로고다. 딱 여행 기념품 가게의 느낌이 나는 로고다. 대동하늘공원 아래에 있는 가게라는 상징성은 담겨있지만, 책방의 느낌은 전혀 담겨있지 않은 것이 내심 아쉬웠다.

 새롭게 로고를 만든다면 한눈에 봤을 때 책방의 느낌이 바로 나면 좋겠다고 생각했다. 새로운 공간의 이미지를 생각하며 몇 개의 로고를 틈날 때마다 스케치하기 시작했다. 재미있지만 어려웠다. 기존 머물다가게 로고의 색깔은 붉은 벽돌 색깔인데, 건물의 색에서 따온 것이었다. 새로 이사할 공간 역시 붉은 벽돌 건물이어서 로고의 포인트 색은 그대로 유지하기로 했다.

 고민은 풍차를 뺄지 말지였다. 엄연히 따지자면 사실 풍차는 대동하늘공원의 상징이지, 머물다가게의 상징은 아니었다. 풍차를 넣은 로고 이미지도 몇 가지 그려보았으나, 결국 풍차는 빼기로 했다. 여러 가지 참고 이미지도 찾아보고, 머물다가게의 자음을 활용한 로고 이미지도 고민해 보았다. 집 모양과 책 모양 등 몇 가지 로고 시안을 만들어봤다.

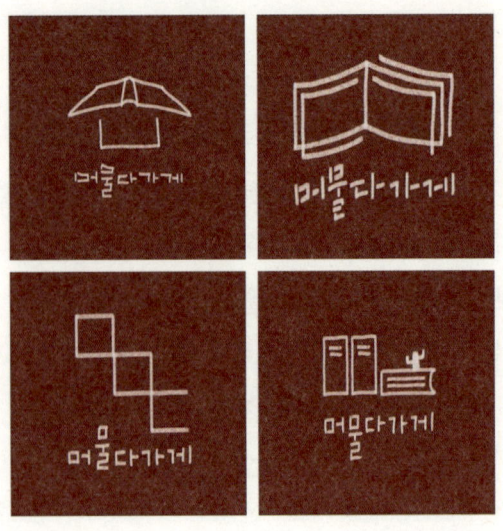

첫 번째 로고는 책을 펼쳐 엎어놓은 모양을 지붕으로 삼은 집 모양의 로고다. 여기에 머물다가게의 자음 'ㅁㅁㄷ'을 녹여냈다. 두 번째 로고도 자음 'ㅁㅁㄷㄱㄱ'을 활용해서 책을 펼친 모양으로 만들어보았다. 세 번째 로고는 'ㅁㅁㄷ'을 이어 붙인 모양으로 만들었는데, 새로 이사할 건물의 모습과도 닮아 신기했다. 네 번째 로고는 책을 꽂아둔 서가의 느낌으로 만들었는데, 여기에도 'ㅁㅁㄷ'의 자음을 담았다.

일주일에 한 번 모여 각자의 드로잉을 하는 모임인 〈드로잉여 클럽〉 시간마다 열심히 로고를 스케치하며 고민했다. 나름 오랫동안 고민하며 그렸는데 어쩐지 마음에 탁 꽂히는 로고가 없었다. 로고만 붙들고 고민한 지 3주 정도 됐을 무렵, 친구가 가장 기억에 남는 책방의 로고가 무엇인지 물었다. 몇 가지를 떠올려보니 그 로고들에는 공통적으로 모두 '눈'이 있었다.

머물다가게의 상징을 담으면서도 눈을 그려 넣을 만한 것이 무엇일까 고민하던 나는 문득 '선인장'이 떠올랐다. 선인장은 내가 가장 좋아하는 식물인데, 머물다가게뿐만 아니라 내방에도 선인장 소품이 넘쳐난다. 인고의 시간을 버티고 마침내 꽃을 피우는 선인장을 좋아하게 된 건 초등학생 때부터였다. 선인장의 강인함에 반해 오랜 시간 사랑해왔다.

처음에는 무심코 휘갈기듯 대충 그렸는데, 의외로 주변 분들의 반응이 나쁘지 않았다. 나는 얼떨떨했다. 그렇게 오랫동안 고민해도 안 풀리던 로고가 이렇게 갑자기 대충 만들어져도 되는 걸까. 왠지 찝찝한 마음에 선인장을 이렇게도 그려보고 저렇게도 그려보며 로고를 다시 만져봤다. 그러다 대전의 마스코트인 꿈돌이를 닮은 눈을 장착하니 한결 귀여워졌다.

처음에 화분으로 그렸던 부분은 책을 쌓아둔 모양으로 바꾸고, 그 안에 머물다가게 글자를 적었다. 마치 책을 먹고 자란 선인장 같아 보였다. 책 속에 갇힌 붙박이가 된 것처럼 보이기도 했다. 선인장이 사람들에게 '책에 붙잡혀 머물다 가게.'하고 부르는 것 같기도 하고. 처음에는 얼어걸린 것 같아 미심쩍었는데, 점점 로고에 정이 들었다.

조금 더 선인장 같아 보이도록 초록색으로 색칠도 해보았다. 하지만 여러 가지 색이 들어가니 머물다가게의 포인트 색이 무엇인지 헷갈렸다. 선인장의 키가 너무 크니 책보다 선인장이 더 돋보이는 것 같아서 길이도 짧게 줄였다. 조금씩 머물다가게의 새로운 로고가 자리를 잡아갔다. 아직 이대로 확정했다고 말할 수는 없지만, 로고에 담고 싶은 메시지는 확실하다.

부디 많은 분이 책에 붙잡혀 편히 머물다 가실 수 있다면, 창작의 꽃도 마음껏 피우실 수 있다면, 참 좋겠다.

2024.2.21.

이거 보고 놀라면 지는 거지

✦

　인터넷으로 멋진 공간의 모습을 아무리 찾아본다 해도, 역시 가장 효과적인 방법은 직접 다녀보는 것이다. 그동안 꽤 여러 공간을 다녔지만, 공간을 준비하는 사람의 모드로 보는 것과는 아주 달랐다. 처음 머물다가게를 만들기 전에도 꽤 많은 공간을 다녀봤었다. 머물다가게와 비슷한 크기의 작은 상점과 책방을 찾아가 보고, 제주도의 독립서점도 여러 군데 다녀봤다.

　백문불여일견(百聞不如 ·見)이라는 말을 정말 많이 실감했다. 직접 공간을 방문하면 사진만으로는 느낄 수 없는 여러 가지 요소를 통합적으로 느낄 수 있다. 공간감과 동선, 공기의 온도와 습도, 향기, 그리고 조명과 음악 등 다양한 요소가 공간의 분위기를 만든다. 단순히 모양이나 색감을 보는 것 이상의 것들을 한 번에 느낄 수 있어서 배우고 깨닫는 바가 훨씬 많다.

　새로운 공간을 준비한다는 내 이야기를 듣고 친구가 좋은 공간을 한 곳 추천해줬다. 내 취향에 딱 맞을 공간일 거라며 꼭 가보라고 여러 번 이야기했다. 그곳은 서울 성수동에 있는 '포인트 오브 뷰(POINT OF VIEW)'라는 문구숍이었다. 당장 갈 수 있는 날을 잡아 서울로 향했다. 연말에 찾아간 성수동은 그야말로 모든 곳이 북적이고 들썩였다. 거리에 있는 상점마다 수많은 사람이 줄지어 있었다.

붐비는 거리를 겨우 뚫고 문구숍에 도착했는데, 그 어떤 가게보다도 줄이 길었다. 충격적이었다. 여기서 놀라면 지는 거라는 생각이 들었지만, 너무 놀랐다. '문구점을 가려고 이렇게 줄을 선다고? 이게 맞아?'하고 생각하며 나도 서둘러 줄을 섰다. 도대체 무엇이 수많은 사람을 여기로 이끈 건지 온몸의 촉각을 곤두세우고 살펴봤다.

공간에 들어선 순간, 모든 것이 단번에 이해되었다. 이곳은 디테일의 끝판왕이었다. 통일된 하나의 컨셉 안에서 모든 것이 또렷하게 작동하고 있었다. 단순한 문구점이 아니라 하나의 문구 박물관 같은 곳이었다. 'Point of View'란 '관점'을 의미한다. 이곳은 창작자의 관점을 통해 바라본 창작의 장면에 존재하는 모든 도구를 조명하고 있다고 소개한다.

건물은 총 3개의 층으로 이루어졌는데, 1층은 TOOL (for Every Point of View), 2층은 SCENE (from Another Point of View), 3층은 ARCHIVE (by Own Point of View)로 되어 있다. 1층에서 3층으로 올라갈수록 점점 더 분위기가 차분하고 고요해졌다. 문구를 좋아하는 사람이라면 시간 가는 줄 모르고 구경할 수 있는 문구 덕후의 놀이동산과도 같았다. 세잔의 사과를 모티브로 만든, '포인트 오브 뷰'의 로고가 박힌 자체 상품도 많이 있었다.

 1층에는 일상생활에서 자주 쓰이는 펜, 연필, 엽서 등과 같은 문구가 주로 있었다. 판매 상품 옆에는 문구 브랜드에 대한 소개도 짤막하게 적혀있었다. 익숙한 상품인데도 괜히 더 고급스럽게 느껴졌다. 또 상품 중간중간에 작품처럼 문구를 전시하고, 책 속에 있는 글귀를 적어둔 것도 인상적이었다. 한쪽에는 문구와 관련된 책을 판매하는 서가도 있고, 액자만 모아둔 공간도 있었다.

 2층은 조금 더 어둑한 분위기에 다양한 종류의 노트, 책과 어울리는 문구가 많았다. 잉크와 만년필, 엽서, 스탬프, 실과 가위, 포장지까지. 누군가에게 선물하고픈 마음을 절로 일으키는 공간이었다. 내가 제일 감탄한 건 3층이었는데, 이곳은 정말 취향 저격의 공간이어서 발길이 가장 오래 머물렀다. 오래된 집의 나무 천장과 벽지를 그대로 살려놓은 것이 분위기를 압도했다.

 곳곳에 놓인 가구들도 모두 세월의 흔적이 묻어있는 원목 가구였다. 이곳에 역사가 깊은 문구와 국내에서 보기 힘든 해외 문구도 많이 전시돼 있었다. 마치 중세 유럽 어딘가에 머무는 기분이 들었다. 이곳에서 'Brass Hand Clip'이라는 황금빛 손가락 문진 클립을 샀다. 머물다가게의 새로운 공간에 예쁘게 둘 생각에 기분이 설렜다. 정갈한 앞치마를 두른 종업원분이 소중하게 한땀 한땀 포장을 해서 계산을 해주셨는데, 그 또한 감동이었다.

 계단을 내려와 밖으로 나오니 어느덧 해가 뉘엿뉘엿 넘어가고 있었다. 여전히 건물 밖에는 긴 대기줄이 있었다. 더 이상 그게 놀랍게 느껴지지 않았다. 머물다가게 앞에 줄지어 서 있는 사람들의 모습을 몰래 상상해보며 미소를 지었다. 공간에 꼭 필요한 요소를 오감과 육감으로 가득 느낀 하루였다. 과연 아주 유익한 벤치마킹 출장이었다.

2024.2.22.

꿈☆은 이루어진다

✦

 공간 계약을 맺고 3주 뒤쯤, 집주인분이 이사 갈 집을 빨리 구하셔서 서둘러 대출 상담을 받았다. 당시 이자가 가장 적었던 신한은행에서 주택담보대출을 신청했는데, 생애 첫 주택 매매로 해서 그나마 적은 이율(4.38%)인 거라 했다. 1억이 넘는 큰돈을 처음으로 대출해 보는 것이라 가슴이 두근거렸다. 1년간 거치기간으로 두면 한 달에 내야 하는 이자가 40만 원대여서 월세를 내는 것보다 낫다는 판단이었는데, 돈 나갈 일은 그게 끝이 아니었다.

 대출 상담을 받은 후 열흘 뒤쯤, 드디어 잔금일이 되었다. 매매계약서와 주민등록등본 1통, 가족관계증명서 1통, 그리고 주민등록증과 도장을 챙겨서 부동산으로 갔다. 대출 상담은 1시간 가까이 걸린 데 비해 잔금 처리는 오히려 30분 만에 빠르게 끝났다. 법무사님이 오셔서 깔끔하게 처리해주셨고, 내게는 영수증이 쥐어졌다. 취득세와 교육세, 농특세, 인지세, 증지세, 수수료 등 무려 450여만 원이 들었다.

 원래는 생애 첫 주택 매매 시 최대 200만 원까지 취득세 감면도 받을 수 있다. 하지만 나는 주택으로 거주하는 목적이 아닌, 상업적인 용도로 활용할 것이기 때문에 취득세 감면 혜택은 포기해야 했다. 게다가 용도 변경을 해야 하는데, 1층과 2층의 용도를 동시에 변경하려면 300만 원이 넘는 돈이 또 들어가야 했다. 뭐만 했다 하면 백만 원 단위로 들어가는 게 후덜덜했다.

잔금을 치르자마자 용도 변경을 위해 건축사사무소와 계약을 했다. 용도 변경을 하는 데에는 한 달 이상의 시간이 걸릴 거라 하셨다. 어차피 날씨가 추워서 공사를 하려면 겨울이 지나야 했다. 잔금을 치르고 건물의 열쇠와 현관 비밀번호도 받았다. 부모님과 함께 텅 빈 집에 들어가 공간을 다시 한번 꼼꼼히 살펴보며 구석구석 사이즈를 쟀다.

일주일쯤 지나자 등기권리증이 나왔다는 연락을 받았다. 내내 실감이 나지 않았는데, 두툼한 등기권리증 표지에 내 이름이 적힌 것을 보니 그제야 조금 실감이 났다. 마흔이 되기 전에 건물주가 되겠다는 꿈이 조금 앞당겨 이뤄진 순간이었다. (물론 대출이 반 이상이지만…)

아버지는 꼼꼼하게 적은 사이즈를 가지고 대략적인 집의 도면을 그리셨다. 그리고 집에 여러 번 방문해 점검하고 또 점검하며 고민하셨다. 건축가가 꿈이었던 아버지에게도 작게나마 꿈을 이루실 기회였다. 나는 아버지가 그린 도면을 컴퓨터로 옮겨 더 구체적인 도면을 그리고, 그 위에 가구를 앉혀 인테리어를 고민하기 시작했다. 나 역시도 학창 시절 때 바라던 인테리어 디자이너라는 꿈을 조금 이뤄볼 기회였다.

용도 변경이 완료될 때까지 시간이 한 달 정도 남아서, 그 사이 몇 군데 인테리어 업체에 리모델링 견적을 받아보기로 했다. 견적을 받기 위해서는 일단 구체적인 리모델링 계획과 원하는 컨셉이 필요했다. '홈스타일러(www.homestyler.com)'라는 사이트에서 도면을 그리고, 원하는 스타일의 인테리어 레퍼런스를 PPT로 만들어 준비했다. 이 과정에서 아버지와 의견 충돌도 많이 생겼다.

이왕 하는 거 제대로, 크게 손을 봐서 공사를 하기 원하시는 아버지와 한정된 예산 내에서 필수적으로 필요한 것만 고치기를 원하는 나의 싸움이 몇 날 며칠 이어졌다. 인테리어를 위해 잡아둔 예산은 턱없이 부족했는데, 오래된 주택을 고치는 일은 생각보다 만만치 않은 일이었다. 맨땅에 헤딩도 이런 헤딩이 없었다. 아버지와의 갈등은 불꽃을 튀기다가 결국 인테리어 견적을 받아본 뒤 잠잠해졌다.

우리가 원하는 것을 다 하려면 예상한 견적의 거의 두 배 가까운 예산이 필요한 상황이었다. 더 이상 대출은 불가능했고, 가진 돈은 충분하지 않았다. 결국 아버지와 극적인 합의(?) 끝에 합리적인 방향으로 리모델링을 하기로 했다. 우리 가족은 매일 밤 모여 인테리어를 놓고 이러쿵저러쿵 회의를 했다. 거칠게 음성이 높아지던 날들을 지나 어느덧 평화로운 시기가 찾아왔다.

하지만 이건 겨우 하드웨어에 불과했다. 내 앞에는 그 안에 채워야 할 소프트웨어 과제가 산처럼 쌓여있었다. 어떤 사람들이 머물도록 하고 싶은지, 어떻게 머물 수 있도록 동선을 짤지, 어떤 종류의 상품을 팔지, 어떻게 책을 큐레이션 할지, 어떤 방식으로 운영할지 등 생각하고 정해야 할 것이 가득했다. 리모델링은 가족과 함께 고민할 수 있었지만, 그 외의 것들은 나 혼자 오롯이 결정해야 할 일이었다.

틈나는 대로 책을 읽고 유튜브로 정보를 검색했다. 일분일초 시간이 흐르는 것이 아까울 정도로 부족하게 느껴졌다. 매번 놓치지 않고 챙겨보던 예능이나 드라마를 볼 시간도, 덕질을 할 시간도 없었다. 마치 일 중독자처럼 하루하루를 보냈다. 꿈을 이뤘다고 다가 아니었다. 이뤄낸 꿈에 대한 책임은 온전히 내 몫이었다.

2024.2.23.

1층인데요, 1층이 아닙니다

✦

 새로 이사할 머물다가게 시즌 2의 공간은 구조가 독특하다. 작은 사거리 골목의 코너에 위치하고 있는데, 비탈길 위로 올라가는 길에 집이 걸쳐있는 모양이다. 그래서 건물은 2층짜리이지만, 아래 골목에서 보아도 1층, 위쪽 골목에서 보아도 1층이다. 2층이 없는 2층 건물, 1층인데 1층이 아닌 건물인 셈이다. 이 집을 머물다가게 시즌 1 공간과 구분하기 위해서 '비탈집'이라고 부르고 있다.

 비탈집은 1980년 봄에 태어났다. 무려 44살이다. 아래층은 11평이고, 위층은 23평이다. 아래층의 나머지 반쪽은 땅인 거다. 원래 책방이나 도서관은 책의 무게가 상당해서 건물을 더 튼튼히 짓고, 대부분은 1층이나 지하에 있다고 하는데, 비탈집은 아래에서 땅이 든든하게 받쳐주니 걱정을 덜었다.

 재미있게도 비탈집은 과거 유행하던 건축 양식을 복합적으로 가지고 있다. 마치 세월의 흐름에 따라 차곡차곡 덧댄 것처럼 어울리지 않는 듯 어울리는 독특한 모양을 하고 있다. 위층에서 볼 때는 회색빛의 석재벽돌, 검정색과 흑백 모자이크 타일로 외관이 이루어졌다. 하지만 아래층에서 볼 때는 붉은 타일이 둘러싸고 있고, 옥상의 지붕 부분은 알루미늄이 덮고 있다. 집의 뒷면은 또 붉은 벽돌이다.

외관의 모양도 독특하다. 계단식으로 꺾인 모양으로 지붕이 이루어졌는데, 밖에서 안으로 들어가는 문도 2개 아니, 3개나 있다. 과거에 세 가구가 함께 살았던 집이라 한다. 정말 한 지붕 세 가족이었던 거다. 위층과 아래층은 완전히 분리된 공간인데, 전에는 아래층과 위층을 연결하는 계단이 있었다고 한다. 이를 막아 아래층의 화장실로 개조해 사용하고 있었다.

위층의 대문을 열고 들어서면 작은 마당이 보인다. 시멘트를 바른 땅이어서 흙은 없다. 대문 옆으로는 수도꼭지가 하나 있다. 계단식으로 꺾인 모양의 벽에는 아치형 창이 있는데, 현관 중문 쪽에는 두 개가 나란히 있고, 다락이 있는 바깥쪽 방에는 하나의 아치창이 있다. 창틀 주위에는 엄지손톱 크기의 흑백 타일이 한 땀 한 땀 붙어있다. 이 집만의 독특한 스타일이 느껴진다.

현관을 열고 집안으로 들어서면 거실 천장에 가득한 나무 무늬가 눈길을 사로잡는다. 커다랗게 난 창에는 구름 무늬 유리가 빼곡하다. 옛날 집에는 흔하게 쓰였는데, 요즘은 생산하지 않아 구하기 어려운 유리라고 한다. 나무 무늬 천장은 안방에도 이어진다. 거실과는 다른 무늬인데 역시나 매력적이다. 거실과 마찬가지로 안방에도 커다란 창문이 한쪽 벽을 가득 채우고 있다.

 전 집주인분은 거실과 안방에 있는 창문을 스티로폼으로 막아 그 위에 벽지를 바르고 살고 계셨다. 벽지를 뜯어내고 스티로폼을 걷어내니 창문이 큰 면적을 차지하고 있어서 놀랐다. 거주를 목적으로 만든 집이 맞나 싶을 정도로 창이 많았다. 게다가 창문이 서향이어서 오후에 햇빛이 가득 들어오는 집이었다. 막혔던 창을 뜯어내자마자 햇빛이 한 움큼 쏟아져 들어왔다.

 주방은 크지 않았는데, 주방 안쪽에는 비밀 공간처럼 문이 있어 꽤 커다란 다락방이 연결되어 있었다. 안방과 주방 사이에 있는 화장실 안쪽은 그 다락방으로 올라가는 계단의 아랫부분이다. 주방 옆으로는 작은 방 2개가 또 있는데, 그중에 현관 쪽에 가까운 끝방에는 바깥으로 나가는 문이 달려 있다. 그리고 혼자 들어가 앉으면 꽉 찰 크기의 작은 다락방이 하나 또 있다.

몇 번이고 공간을 둘러보고 또 둘러보아도 헷갈려서 도면을 그리기가 참 어려웠다. 게다가 집 모양이 네모반듯하지 않아서 도면을 그리고도 사이즈가 달라서 한참 헤맸다. 그래도 나름대로 도면을 이렇게 저렇게 계속 그려보고 가구를 배치해봤다. 어느 정도 골격이 잡히니 어떤 가구가 필요하고, 어떤 가구는 필요 없는지 한눈에 보였다. 가구의 사이즈도 어느 정도 잡아야 할지 대략 알 수 있었다.

 막막하기만 했던 머릿속이 조금씩 정돈되니 한결 마음이 편했다. 그때부터 나는 매일 당근 어플에 들어가기 시작했다.

2024. 2. 26.

혹시 당근이세요? 당근이죠!

✦

 새로운 공간의 1차 도면을 그려보고 나니 대략 필요한 가구의 각이 보였다. 바닥, 천장, 벽지, 전기, 목공, 화장실, 주방 등의 큰 공사는 리모델링을 맡겨야 하지만 그 안에 채울 디테일한 인테리어는 우리의 몫이었다. 일단 우리 집에 있는 가구도 최대한 활용하기로 했다. 우리 집 역시 80년대 건물로 오래된 주택인데, 부모님의 취향대로 빈티지 원목 가구가 많아 머물다가게에도 어울릴 만한 물건이 많았다.

 리모델링 비용이 예상했던 견적보다 훨씬 많이 나올 것 같아 어쩔 수 없는 선택이기도 했다. 가구와 조명, 소품 등 미리 구할 수 있는 것은 리모델링을 시작하기 전에 구해두기로 했다. 당근 어플에 키워드 알림을 해놓고, 원하는 물건이 나올 때마다 시도 때도 없이 들어가 물건을 확인했다. 작년 가을에 이어 올해 초까지 그야말로 당근 홀릭이 계속됐다.

 당근 어플은 정말 최고의 찬사를 받아 마땅한 서비스다. 내게는 너무나 필요한 물건이 누군가에게는 쓰레기에 불과한 아이러니. 내가 필요한 타이밍에 적당한 가격으로 원하는 물건이 나오면 그 희열은 이루 말할 수 없다. 당근 거래를 하면서 다양한 장소에서 다양한 사람을 만나니, 마치 그들의 삶을 함께 양도받는 기분도 들었다. 소중히 쓰겠다는 다짐과 감사 인사가 절로 나왔다.

특히나 지금은 구하기 어려운 옛날 물건들이 나올 때면 더 반가웠다. 새로운 머물다가게 공간과도 딱 어울릴 물건들이었기 때문이다. 그럴 때면 "제가 살게요."가 아니라 "제가 데려갈게요."라는 표현이 더 어울렸다. 책꽂이나 작은 전자제품, 소품 등은 크기가 작아서 비교적 손쉽게 데려왔는데, 가끔 거울이나 장식장, 소파와 같이 아주 큰 크기의 물건도 있었다.

대부분은 어머니께서 당근 픽업을 많이 도와주셨는데, 어떨 때는 온 가족이 다 같이 출동해서 데려오기도 했다. 몇천 원 혹은 몇만 원밖에 안 하는 물건을 가지러 우르르 달려가는 모습이 가끔 웃기기도 했다. '이것도 다 추억이겠지.' 생각하며 우리는 대전은 물론 세종까지도 달려가 필요한 물건을 열심히 줍줍하곤 했다. 나중에 머물다가게에 물건들을 가져다 놓으면 하나하나 추억이 떠오르겠지.

정말 신기하게도 필요한 물건들이 기가 막힌 타이밍에 '당근!' 하고 경쾌하게 울리며 내게 찾아왔다. 새 상품을 인터넷으로 찾아보고 금액이 비싸 망설였던 물건들이 당근에 올라올 때는 아주 헐값일 때가 많았다. 다행히 판매자분들이 흔쾌히 기분 좋게

내어주실 때가 많아 미안한 마음보다는 감사한 마음이 컸다. 오래된 주택에 오랜 흔적이 담긴 물건이 하나둘 쌓일 모습을 상상하니 퍽 잘 어울릴 것 같았다.

지금까지 거의 스무 건이 넘는 당근 거래를 했다. 이제는 어떤 물건을 어디서 샀는지도 헷갈린다. 우리 집 다락방에 차곡차곡 쌓아두었는데, 언젠가 이 물건들을 한꺼번에 이사할 생각을 하면 까마득하다. 여러 건의 당근 거래 중에서도 가장 기억에 남는 거래는 단연 원목 테이블과 의자 세트다. 4인 테이블 6개와 2인 테이블 1개, 그리고 원목 의자가 무려 26개나 되는 어마어마한 수량이다.

책방에서 프로그램을 하기 위해서 테이블과 의자는 필수다. 새로운 공간에 잘 어울릴만한 원목 테이블과 의자를 계속 알아보던 중이었는데, 내가 원하는 디자인의 상품은 대부분 값비쌌다. 4인 테이블과 의자 4개 세트를 사려면 거의 40만 원은 들었다. 물론 그만한 값어치를 하는 상품이었지만, 테이블이 적어도 6개 이상은 필요했기에 금액이 부담스러웠다.

그런데 어느 날, 내가 딱 원하던 원목 테이블과 의자가 6세트나 한꺼번에 당근에 올라왔다. 금액은 새 상품의 거의 반값도 안 했다. 이건 정말 나를 위한 물건이라는 생각이 들었다. 어느 이자카야 술집에서 테이블 전체를 바꾸려고 한꺼번에 처분하는 물건이었다. 온 가족이 달려가서 물건을 보고 바로 거래일을 잡앉다. 당장 테이블이 없으면 장사를 할 수가 없어서 새로운 테이블을 설치할 때까지는 기존 테이블을 사용하셔야 했다. 마침 창고가 부족했던 우리에게도 다행이었다.

 물건을 받는 당일까지도 판매자분은 열심히 장사하시다가 가구를 넘겨주셨다. 마침 그 가게에 새로운 테이블을 막 설치하려는 타이밍에 우리가 부탁드린 용달 기사님이 도착하셨다. 판매자분은 몇 개의 테이블은 상도 미처 깨끗이 닦지 못한 채 드렸다며 미안해하셨다. 그마저도 참 기막힌 타이밍이라는 생각이 들었다. 좋은 기운을 받아 운명처럼 만난 가구를 소중히 아끼며 사용할 생각에 그저 기뻤다.

2024.2.27.

내 인생 따뜻한 커피처럼

✦

 머물다가게 시즌 2 준비를 위한 〈머물다가게 고객 의견 조사〉를 했을 때, 책 이외에 다른 상품으로 무엇을 팔면 좋을지 묻는 질문이 있었다. 그때 공동 1위를 했던 상품은 '커피·차', 그리고 '굿즈·선물용품'이었다. 굿즈나 선물용품은 이미 머물다가게에서 판매하고 있는 상품이었지만, 커피와 차는 팔지 않는 상품이었다. 사실 음료 판매는 그동안 꿈도 꾸지 않은 상품 중 하나였다.

 일단 책과 굿즈 판매만으로도 벅찼고, 출장이 잦은 터라 먹을 것을 관리하고 판매할 자신이 없었다. 게다가 한창 벤치마킹하러 여러 책방을 돌아다녔을 때, 어떤 책방 사장님께서 말씀해주신 이야기가 오래도록 귓가에 남았었다. "책방 혼자 하시려고요? 그럼 음료 판매는 웬만하면 하지 마세요." 그 사장님의 말씀은 완전 현명한 조언이었다. 덕분에 나는 그동안 큰 무리 없이 책방을 잘 운영해왔다.

 그때 뵌 사장님은 책방에서 커피를 함께 팔다가 접으신 지 얼마 안 된 시기였다. 매일 들어오는 택배와 책을 정리하고 판매하는 것도 정신없는데, 커피까지 팔면 설거지하는 데에 시간을 많이 뺏긴다는 것이었다. 특히 혼자서 장사한다면 더더욱 비추천한다며 강하게 말씀하셔서 책방 창업을 준비하는 내내 그 이야기가 맴돌았다.

하지만 이제는 상황이 달라졌다. 그동안 책방을 찾아주신 손님들께서 음료를 찾으실 때가 종종 있었다. 나는 손님들이 필요하시면 물이나 차를 내어드리곤 했는데, 어쩐지 그걸 부담스러워하시는 분들도 있었다. 나 역시 비슷한 경험을 한 적이 있어 그 마음도 이해됐다. 적당한 금액을 지불하고, 마음 편히 시간을 보낼 수 있는 것이 더 나을 것 같다는 생각이 들었다.

하지만 카페의 비중이 너무 커지는 것은 원하지 않았다. 카페로 인식되는 것보다 서점인데 커피나 차도 마시고 갈 수 있는 공간이 되길 원했다. 그러면 나도 음료 제조에 너무 큰 에너지를 쏟지 않아도 되니 부담이 덜할 것 같았다. 서너 잔 정도만 판매하는 거라면 할 수 있을 것 같다는 생각도 들었다. 문제는 단 한 잔의 커피를 팔더라도 이것은 상품이라는 것이었다.

최근 우리 아버지는 커피에 진심이시다. 몇 달 전 이웃집에서 저녁 식사를 하고 후식으로 주신 커피를 드셨는데, 너무 맛있어서 깜짝 놀라셨다. 그 커피는 모카포트를 이용해서 내린 커피였다. 우리는 그 자리에서 모카포트를 당장 주문했다. 이후 아버지는 모카포트를 열심히 연구하며 커피를 내리셨고, 그 맛도 파는 커피 못지않게 꽤 괜찮았다.

아버지는 서점에서 커피도 팔아보려 한다는 내 이야기를 처음 듣고는 발끈하셨다. 돈 받고 커피를 팔려면 최소한 커피를 제대로 배우고 연습해야 한다고 하셨다. 서툰 실력과 가벼운 마음가짐으로 감히 커피 팔 생각을 하지 말라며 호되게 말씀하셨다. 장사를 호락호락하게 생각하지 말라고 하신 아버지 말씀에는 어디 하나 틀린 구석이 없었다. 결국 나는 바리스타 교육과정에 등록해 커피를 배우기 시작했다.

카페에서 아르바이트를 해본 경험도 없고, 커피의 'ㅋ'도 모른다고 생각했는데, 사실 아주 오래전에 커피를 열심히 배웠던 시절이 내게도 있었다. 대학교 휴학생 시절, 언어 교환 동아리에서 활동한 적이 있다. 그때 우리 동아리는 작은 카페 같은 공간을 빌려서 외국인과 만나 언어 교환을 했다. 한 팀이 먼저 하는 동안 나머지 사람들은 음료를 만들었다. 그때 드립 커피라는 것을 처음 배웠다.

그 시절에 내가 커피를 배우며 열심히 보았던 책 몇 권을 최근에 발견했다. 커피에 대한 지식이 까마득한 기억 속으로 꽁꽁 숨어버린지 오래됐는데, 그때의 책을 보니 어찌나 밑줄 긋고 메모까지 하며 열심히 공부했던지. 너무 웃겼다. (심지어 모카포트도 이웃집에서 처음 봤다고 생각했는데, 책에 열심히 배운 흔적이 남아있었다.) 최근에 커피를 다시 제대로 배우니 얼마나 재미있는지 모른다. 책에 밑줄도 긋고 메모도 하며 열심을 다해 공부하고 있다. 그때와는 또 다른 절실한 마음으로.

난 원래 카페인에 약해서 커피를 많이 즐겨 마시지 않는 사람이었는데, 어느새 하루 한 잔의 커피 없이는 살 수 없는 사람이 되었다. 단 한 잔의 커피를 마시더라도 제대로 된 맛있는 커피를 마시고 싶은 마음에 크게 공감한다. 누군가에게는 내가 만든 한 잔의 커피가 그날 하루의 유일한 커피로 끝날 수도 있다. 그러니 나도 커피에 진심이 되지 않을 수 없다.

아니 그런데 잠깐만요. 커피 한 잔이라도 팔려면 정화조를 다시 묻어야 한다고요?!

2024.2.28.

역시 인생은 뜻대로만 되지 않지

✦

　원래 우리가 처음 예상했던 잔금일은 2월 초였다. 그런데 집주인분이 빨리 이사를 하신 덕분에 1월 초까지 일정이 당겨져 연초에 바로 대출 상담을 받았다. 2024년 1월 12일, 나는 주택담보대출을 실행하며 건물의 잔금을 모두 치르고, 법무사님에게 영수증을 받았다. 취득세, 교육세, 농특세, 인지세, 증지세 등 각종 세금과 수수료 등을 합하니 무려 550여만 원이 청구됐다.

　부동산 중개수수료는 90여만 원이었다. 잔금을 치른 날, 용도 변경을 위해 건축사사무소와도 계약을 맺었다. 1층과 2층 모두 주택에서 상업시설로 용도 변경하는 데에는 총 330만 원이 필요했다. 일단 절반의 선금을 먼저 지급했다. 용도 변경은 주택에서 장사하기 위해서는 필수로 거쳐야 하는 절차였기에 시간과 비용이 얼마가 들든 치러야 할 일이었다.

　계약 후 일주일 뒤에 건축사님이 직접 건물로 오셔서 현장을 검토하셨다. 오래된 주택이라 구청에도 건물 도면이 남아 있지 않아서 도면을 새로 그려야 했다. 여러 가지 조건 사항을 체크하고 통과되어서 서류를 접수하면 일주일 정도 걸릴 거라 하셨는데, 그것은 아주 헛된 기대에 불과했다.

처음에는 정화조가 미등록된 것이 문제였다. 오래된 주택에서 흔히 있는 일이라고 하셨는데, 이것을 등록하려면 정화조 양성화 절차를 거쳐야 했다. '양성화'란 불법 건축물을 행정적인 절차를 통해 허가를 받아 합법적인 정식 건축물로 등록하는 절차를 뜻한다. 이 단어는 이미 지긋지긋하게 들은 단어였다. 계약 직전까지 갔던 다른 매물의 2층 전체가 불법 건축물이었는데, 양성화가 안 되는 바람에 계약이 무산된 적이 있었기 때문이다.

다행히 정화조 양성화는 100~150만 원 정도의 비용을 들이면 할 수 있는 절차라 했다. 이렇게 또 백만 원 단위의 큰돈이 예상치 못하게 필요한 것이었다. 그게 끝이었다면 차라리 좋았을 텐데, 문제는 양성화가 아니었다. 원래 이 집에 묻혀 있던 정화조 용량이 5인용이었는데, 커피 한 잔이라도 팔기 위해서는 정화조를 25인용으로 증설해야 하는 것이었다. 그 공사 비용은 무려 450만 원이었다.

2024년 1월 22일, 날벼락 같은 소식이었지만 피 같은 돈을 지출할 수밖에 없었다. 그리고 바로 다음 날, 영하 12도의 미친 한파가 시작됐다. 옛 머물다가게 수도가 꽁꽁 얼었다. 심지어 비탈집의 수도도 터져서 급하게 수도 공사까지 해야 했다. 땅이 얼어 정화조 공사도 시작할 수가 없었다. 정화조 공사비 전액을 한 번에 송금했는데, 괜히 그랬다. 추운 날씨 때문에 무려 한 달이 넘도록 정화조 공사를 하지 못했다.

이 때문에 용도 변경도 중단되고, 리모델링은 시작도 못했다. 2월에 시작할 〈머물일기〉를 앞두고 잔뜩 기대하며 계획을 짜고 있었던 나는 급히 일기의 방향을 바꿔야 했다. 잔금일이 당겨졌으니 2월이면 뭐라도 눈에 보이는 진행이 이루어질 거라 예상했는데, 1월 말까지도 전혀 진척이 없었다. 영하권을 맴도는 한파가 끝나자 2월의 절반은 또 비가 내렸다. 기대와 실망이 계속 반복되자 점점 지쳤다.

정화조 공사 날짜를 잡으면 비가 무섭게 쏟아지고, 또다시 날짜를 잡았더니 이번에는 정화조 청소가 안 되었다고 해서 다시 공사가 취소되었다. 겨우 정화조 청소 일정을 잡고, 청소가 끝난 뒤 얼른 다시 공사 날짜를 잡았더니 이번에는 앞서 계약된 다른 공사가 비로 인해 밀렸다며 또 일정이 연기됐다. 결국 금액을 지불한 지 한 달 하고도 일주일이 지난 2월 29일로 공사일이 확정됐다.

그런데 2월 27일 아침, 어머니가 우연히 비탈집을 지나가시다 정화조 공사가 시작된 것을 발견하셨다. 아무도 우리에게 말해주지 않아서 하마터면 공사가 진행되는 줄도 모를 뻔했다. 황당했지만 알고 보니 원래 예정했던 29일에 또 비 소식이 있어서 급히 공사를 시작했다고 하셨다. 어제는 땅을 파서 정화조를 심고 흙을 덮어두었고, 오늘은 부서진 땅의 일부를 벽돌로 메우

고 시멘트를 발라서 공사를 마무리했다. 다행히 이틀 동안 해가 쨍쨍했다. 내일 비까지 오면 오히려 좋다고 하셨다.

  결론적으로 정화조 공사는 잘 마무리됐다. 2월이 다 가기 전에 가까스로. 우여곡절 끝에 정화조 공사가 끝났고, 서류를 접수하면 드디어 용도 변경을 완료할 수 있다. 그럼 이제 3월부터는 본격적인 리모델링 공사를 시작할 수 있는 거다. 아직도 갈 길이 먼 것만 같다. 그래도 그 끝은 부디 해피엔딩이기를.

2024.2.29.

안전모를 쓰고 책방으로

5년 차 책방지기의 어쩌다 생존

✦

 삶의 한가운데에 있을 때는 미처 알지 못하는 것들이 있다. 이것도 곧 지나갈 거라든지, 곧 있으면 기억에서 사라질 거라든지, 좋든 싫든 마음에 얼룩이나 자국을 남길 거라든지. 2019년 봄, 책방을 처음 창업한 시기의 나는 아무것도 모르는 애송이였다. 하지만 애송이 시절은 곧 지나갔고, 어리석게 저지른 실수 따위는 잊은 지 오래다. 무턱대고 달려온 서툰 발자국이 지금의 나를 만들어주었다.

 2024년 봄, 나는 또다시 새롭게 태어난 애송이가 되었다. 초등학교 6년을 보내고 중학생이 되면 다시 막내가 되는 것처럼, 새로운 문으로 들어온 거다. 5년 차 책방지기쯤 되면 모든 것이 능숙할 줄 알았다. (아니, 사실은 책방을 5년씩이나 하고 있을 줄 몰랐다.) 하지만 내 앞에는 여전히 깨우쳐야 할 세계가 산더미처럼 쌓여있다. 그것은 두렵기도 하지만 설레기도 한 일이다. 멈출 수 없는 힘이 되어줘서다.

 『2024 한국 서점 편람』이 최근 발간됐다. 현재 우리나라 서점은 총 2,484곳으로 조사됐다. 2년 전인 2022년에 비해 44곳

(-1.74%)이 감소했다. 2023년 6월부터 10월까지 5개월간의 조사 결과라, 조사 이후에 사라진 서점의 수는 누락된 수치다. 매년 새로운 서점이 생기기도 하지만, 또 사라지기도 한다. 서점이 단 한 곳도 없는 지역도 10곳이나 된다.

지금 이 시대에 서점의 존재는 과연 어떤 의미일까. 이 땅의 서점이 모두 사라진다면 세상은 어떻게 변할까. 큰일 날까? 아니면 아무렇지도 않을까. 금방 잊혀질까? 아니면 오래도록 기억될까.

최근에 아주 상반되는 두 가지 이야기를 접했다. 하나는 '도서정가제'와 관련된 뉴스에 달린 댓글들이었다. 그 댓글에는 지역 서점에 대한 신랄한 비판과 비난이 난무했다. 몇몇 댓글을 읽을 때는 가슴에 상처가 콕콕 박히기도 했다. 또 어떤 댓글을 볼 때는 생각이 많아졌다. 대부분 도서정가제에 반대하는, 그리고 동네책방을 실패한 비즈니스로 보는 의견들이었다.

반면, 난다 출판사에서 나온 시의적절 시리즈 2월 편 『선릉과 정릉』을 쓰신 전욱진 작가님의 다정한 편지도 보았다. '동네책방 지기님께'라는 제목으로 시작하는 이 글은 마음에 연고를 곱게 펴 발라주는 뭉클한 편지였다.

"… 이 모든 것이 지금은 사라지고 없지만, 여전히 제 기억 속에 남아 저라는 사람을 구성하고 있습니다. 이렇게 보면 책방이

라는 곳은 그런 공간 같아요. 자신이 좋아하는 것을 다른 이에게 기쁘고 또 떳떳하게 나누는 곳. 그 마음이 곧이곧대로 전달되어, 반드시 그이의 일부가 되고 마는 곳. 그러니 그곳에서 가만히 기다리고 계시겠지요. 받아들일 준비가 된 사람들을. … "

(출처 : 난다 출판사 인스타그램)

동네 책방을 비난하는 이들은 책방의 문을 열고 들어올 리가 없다는 것을 잠시 잊었다. 이 편지를 읽고서야 비로소 5년 동안 책방을 하며 나를 탓하고 비난한 손님은 단 한 명도 없었다는 사실이 떠올랐다. 계산이 느려도, 책방 문이 닫혀있어도, 찾는 책이 없어도, 영어가 서툴러 어버버할 때도 나를 나무란 손님은 없었다.

물론 운이 좋았을 수도 있다. 하지만 몇몇 사람의 비난이 두려워 동네책방을 애정하는 이들의 즐거움을 빼앗을 수는 없다는 생각이 들었다. 그동안 문화예술 영역에서 활동하며 가장 아쉬웠던 일은 정작 내가 사는 동네에 슬리퍼 신고 편히 갈 수 있는 문화공간이 하나 없다는 것이었다. 내가 책방을 접게 되면 동네 주민인 내가 제일 먼저 서운할 일이었다. 그 누구도 아닌 나를 위해서라도 이 일은 멈출 수 없다.

첫 번째 〈머물일기〉의 마침표를 찍고 나서 후련한 기분과 동시에 묵직한 마음이 들었다. 헬륨 풍선에 달아둔 무게추처럼 붕

떴던 마음이 가라앉았다. 그리고 다시 엉덩이를 붙이고 책상 앞에 앉아서 키보드를 두드린다. 계속 쓰는 힘이 생겼다는 사실이 감사하다. 나 혼자 일방적으로 걸어버린 약속을 묵묵히 지켜봐 주는 이들이 있어 벅찬 마음도 든다.

  나만의 공간이 아닌, 우리의 공간을 만들어가는 일은 외롭지 않다는 걸 알았다. 더 좋은 공간을 만들어서 오래도록 함께 기쁘고 싶다는 소망이 자꾸 피어오른다. 이 진심만은 변하지 않고 우뚝 서기를 간절히 바란다. 언젠가 또 내 뜻대로 되지 않는 일들 앞에서 무너질 때도 이 마음은 꼭 기억하기를. 삶의 한가운데서 간절히 기도한다.

2024.3.4.

시계는 잘도 도네 돌아가네

✦

 벌써 3월이라니 믿기지 않는다. 2월에 열심히 써둔 일기라도 없었으면 자책하며 괴로울 뻔했다. 기록은 잊혀질 수 있는 과거를 생생히 기억하게 해주는 동시에 기록하는 과정에서도 뿌듯함을 안겨준다. 마치 폭주하며 흐르는 시간 앞에 방지턱을 놓는 기분이다. 잠깐이나마 시간이 천천히 가기를 바라면서.

 처음에는 어디까지나 그저 나를 위한 기록인 것 같았다. 하지만 지금은 내가 하는 이 기록이 자기만의 공간을 만드려는 누군가에게 조금이나마 도움이 되면 좋겠다는 마음이 든다. 더 많은 이들의 작은 공간이 계속 생겨나면 좋겠다. 자신만의 색깔로 목소리를 내는 이들이 계속 늘어나면 좋겠다.

 2019년, 처음 창업할 당시에는 책방을 오픈할 때까지 걸린 시간이 겨우 한 달이었다. (물론 완벽하게 준비하고 오픈한 것은 아니었지만.) 근로자의 날인 5월 1일에 세무서에 가서 사업자등록증을 내고, 사업자로 내 신분을 바꿨다. 그리고 6월 4일에 머물다가게를 정식 오픈했다. 시즌 2 공간도 5월에 오픈하는 것을 목표로 하고 있다. 그럼 5년을 꽉 채우며 지난 시즌 1

을 마무리하고, 새로운 시즌 2를 시작할 수 있다.

시간이 참 빠르게 지났다. 얼렁뚱땅 세월이 흘렀다고 생각했는데, 돌아보니 지나온 모든 길에 다 의미가 있었다. 그동안 1인 사업을 하며 살아온 해를 한 문장으로 정리해 보니 그 의미가 더욱 와닿았다.

2019년 - 우당탕탕 창업으로 맨땅에 헤딩한 해
2020년 - 코로나19로 좌절했지만 끈질기게 버틴 해
2021년 - 닥치는 대로 일을 하며 길을 넓힌 해
2022년 - 업무의 가지치기를 하며 길을 좁힌 해
2023년 - 지속 가능성에 대해 진지하게 고민한 해

문화기획자의 업무 특성상 매년 새로운 프로젝트의 일을 하는 터라, 여기저기 삽질하는 기분이 들 때도 많았다. 하지만 매해 진행한 프로젝트를 쭉 정리해보니 조금씩 길을 더 선명하게 만들어왔다는 것이 보였다. 아쉬운 점은 기록이었다. 더 세밀하게 매일 일어난 일과 감정, 인사이트를 잘 정리해놨다면 좋았을 텐데, 5년을 달려온 것 치고는 기록이 너무 부실했다.

매일 단 한 줄이라도 썼다면 1년에 300줄은 넘게 모았을 텐데, 아무 기록도 남기지 못한 날이 허다했다. 기록과 자료가 없으니 분석도 할 수 없었다. 특히 작년부터는 앞으로의 사업 방

향을 생각하며 고민이 점점 깊어졌는데, 그동안 일하며 느낀 감정이나 생각에 대한 기록이 없으니 꽤 긴 흔들림의 시간을 지나야 했다.

그동안 기록이라고 적어온 것은 사실 '일기(日記)'보다는 '일지(日誌)'에 가까웠다. 단순히 일지를 적는 일이라면 휴대폰 캘린더 앱에 적는 것으로도 충분했다. 매일 어디에 갔고, 무슨 일을 했고, 누구를 만났는지는 열심히 적었다. 물론 그거라도 잘 적어놔서 일 처리할 때 편리한 적이 많았지만, 그 기록이 나를 발전시켜준 건지는 잘 모르겠다.

일기에는 있지만 일지에는 없는 것. 그리고 내가 그동안 적어온 매일의 기록에 빠진 것은 바로 '생각과 느낌'이었다. 그날의 일을 통해 어떤 감정을 느꼈는지, 그 일에 대해 어떤 생각이 들었는지를 빠트린 것이다.

나는 초등학교 때 쓴 일기부터 중·고등학생 때와 대학생 때 썼던 다이어리, 직장인과 프리랜서로 일하며 썼던 스케줄러까지 하나도 버리지 않고 가지고 있다. 언제부터인지 모르겠지만, 조금씩 일기장에서 감정과 생각에 대한 기록이 빠지기 시작했다. 아주 어렸을 때의 일기장을 보면 이런 얘기를 적어도 될까 싶을 정도로 솔직한 이야기가 많다. 웃음이 빵빵 터지는 일기도 많아서 가끔 우울할 때 초등학교 일기를 들춰보기도 한다.

어릴 적 일기에는 누가 누구랑 싸운 이야기도 실명으로 적나

라하게 적혀있다. 무엇을 먹고 무엇을 보았는지, 누구랑 놀았고 얼마나 재미있었는지, 심지어 그냥 목욕한 이야기도 아주 특별한 일처럼 적혀있다. 어른이 되면서 점점 잃어가는 건 바로 '솔직함'이었다. 어렸을 때는 매일 선생님이 일기 검사를 하신다는 걸 알면서도 그렇게 솔직히 썼는데, 이제는 누가 보지도 않는데 나에게조차 솔직하지 못할 때가 많다.

지금도 시계는 잘도 돌아간다. 오늘 하루도 수많은 감정과 생각이 들었다. 물론 이 모든 것을 다 기록할 수는 없겠지만, 적어도 나를 속이지는 말자고 다짐했다. 기분을 망쳤던 하루일지라도 그냥 그런대로 받아들이고, 기분이 좋았던 하루라면 더 세밀하게 기쁨을 적어두기로 했다.

목요일부터 본격적인 공사가 시작된다. 어떤 하루하루가 펼쳐질지 모르겠지만, 최대한 솔직하게 나의 시간을 잘 담아내야겠다. 훗날의 내가 허무하지 않도록.

2024.3.5.

인테리어 도면을 펼치고 렛츠고!

✦

 지난 2월의 끝자락에 겨우 정화조 공사를 마치고, 월요일에 드디어 용도변경 서류를 접수했다. 무려 7주나 걸린 일이었다. 오픈이 코앞이었다면 정말 말도 안 될 일이었다. 혹시라도 비싼 월세를 주고 공간을 계약했던 거라면 더 환장할 일이었다. 그동안 이 과정에서 말로 다 표현할 수 없는 분노와 답답함과 서글픔과 안도감 등 다양한 감정을 동시에 느꼈다.

 어쨌든 일정이 조금씩 늦어졌지만, 처음 예상대로 3월 초에 공사를 시작할 수 있게 됐다. 설레는 마음으로 처음 인테리어 도면을 그려본 것이 1월 중순이었는데, 그동안 여러 전문가의 이야기를 들으면서 도면이 많이 수정됐다. 물론 공사를 하다 보면 또 계획대로만 되지는 않을 수도 있겠지만, 이렇게 그림대로 공간이 완성될 수 있다면 참 신기하고 재미있을 것 같다.

 곧 이사할 머물다가게 시즌 2의 공간은 2층짜리 건물이다. 비탈길 위에 앉은 모양의 건물인 데다 지붕의 모양도 계단처럼 생겨 독특하다. 아래로 난 길에서는 1층이 1층이고, 위로 난 길에서는 2층이 1층 같은 곳이다. 위층은 서점과 책을 보며 음료를 마실 수 있는 공간으로 활용할 예정이고, 아래층은 프로그램을 진행하거나 공간대여를 할 계획이다.

위층 마당은 최근에 정화조 공사를 해서 모습이 달라졌는데, 예전에는 수도꼭지 옆으로 턱이 있었다. 이번에 정화조를 25인용으로 새롭게 묻으면서 더 깊이 땅을 파냈는데, 덕분에 불룩 올라온 턱을 줄이고 더 넓고 평평한 바닥이 됐다. 바깥쪽에 있는 화장실 옆에는 방안으로 곧바로 들어갈 수 있는 문이 하나 더 있었는데, 이 문은 막을 계획이다. 예전에 셋방살이했던 흔적이 남아 있는 부엌의 수도관은 일부 남겨두기로 했다.

2층 현관문을 열고 들어서면 나무 무늬로 꽉 찬 천장과 나무 문짝 여러 개가 눈에 띈다. 이 집의 포인트인 나무 천장은 모두 살리기로 했고, 문짝 중에도 예쁜 것은 몇 개만 살려 테이블로 만들어보려 한다. 크게 공간을 터야 하는 곳은 거실과 안방 사이의 벽과 주방과 가운데 방 사이의 벽이다. 벽을 트는 부분을 두고 가족끼리 수많은 의견 충돌이 있었는데, 결국은 최소한만 건들기로 했다.

제일 바깥쪽 방에는 밖으로 나가는 문이 있는데, 이를 막으면 벽이 더 생긴다. 워낙에 창문과 문이 많은 집이라 벽이 거의 없는 게 고민이었는데, 출입문은 하나인 것이 좋다는 리모델링 사장님의 의견에 따르기로 했다. 심지어 그 방에는 작은 다락방도 하나 있다. 이곳도 혼자서만 책을 읽을 수 있는 공간으로 쓰면 딱 좋을 것 같아 기대된다. 빛도 슬며시 들어와 더 운치있고 좋다.

2층 공간의 도면을 얼추 완성했다. 안방과 연결된 거실 부분을 메인 서가 공간으로 꾸미고, 바깥쪽 작은 방은 앉아서 책을 보고 음료를 마실 수 있는 공간으로 쓰려고 한다. 지금의 주방과 가운데 방은 서로 연결해서 트고, 카운터와 굿즈 상품 비치 공간으로 쓸 계획이다. 안방과 주방 사이에 원래 있던 화장실은 위쪽의 큰 다락방 계단 때문에 천장이 비스듬한데, 여기에는 마루를 깔아 편하게 신발을 벗고 책을 볼 수 있는 공간으로 만들 계획이다.

1층의 구조는 2층보다는 확실히 단순하다. 23평인 2층의 절반밖에 안 되는 크기다. 문을 열고 들어서면 왼쪽에는 작은 주방이 있다. 그리고 방이 두 개가 있는데, 큰 방에는 소파와 스크린을 두고, 영화를 보거나 음악을 감상할 수 있는 공간으로 만들 계획이다. 작은 방에는 테이블을 두고 회의를 하거나 클래스를 할 수 있는 공간으로 쓰려고 한다. 예전에 2층으로 연결되는 계단을 막아 화장실을 만들어 두어서 완전 단독으로 한 팀에게 빌려줄 수 있는 공간이다.

도면만 완성하면 다한 건 줄 알았더니 웬걸 이제 시작이다. 이 안에 들어갈 디테일한 요소들을 다 직접 고르고 결정해야 한다. 창문과 문, 바닥 자재, 천장과 벽지, 가전제품과 가구, 조명, 심지어 콘센트와 스위치 위치까지 하나하나 전부 다. 그동안 조금씩 꿈꾸고 바란 장면의 퍼즐이 하나씩 완성되어 갈 것을 상상하니 설레기도 하지만, 한편으론 부담스럽다.

수요일에는 리모델링 사장님과 함께 공간에 먹 치는 작업을 하기로 했다. 최종적으로 철거할 곳을 결정하고 벽에 정확히 그 내용을 표시하는 작업이다. 어쩐지 인테리어가 완성된 모습보다 철거한 직후의 모습이 더 기대된다.

2024.3.6.

살리고! 살리고!! 또 살리고!!!

✦

 철거 전에 먹을 치기로 한 오늘이 다가오기 전날 밤, 우리 가족은 최종적인 합의(?)를 하기 위해 비탈집을 찾았다. 곧 뜯어낼 벽지 위에 치열한 토론 끝에 합의한 내용을 적었다. '철거'라고 썼다가 다시 '철거' 위에 가위표를 치고 '철거 안함'이라고 적었다가 창문을 그렸다가 하는 등 정말 난리도 아니었다.

 다음 날 우리가 아주 열렬히 낙서해 놓은 벽을 보시고는 리모델링 사장님께서 "설계 다 끝났네?"하며 웃으셨다. 리모델링 사장님은 17년 전에 우리 집을 고쳐주셨던 분이다. 오래전에 공사했는데도 지금까지 특별히 수리한 적 없이 잘 지내고 있었다. 처음에는 몇 군데 인테리어 업체에 견적을 받아보았는데, 결국 가장 믿을 만하고 아버지가 소통하시기 좋은 분께 리모델링을 부탁드렸다.

 반 셀프 인테리어를 할까 말까 한창 고민하고 있을 때, 비탈집에 수도가 터진 적이 있었다. 한파가 닥친 날 보일러를 꺼놓는 바람에 수도가 터졌던 건데, 터진 수도에서 흐른 물이 꽁꽁 얼어서 비탈집 주변 골목을 다 덮었었다. 다행히 동네 공업사 사장님께서 빠르게 도와주신 덕분에 잘 수리하긴 했는데, 나는 그날 멘붕이 왔다.

반 셀프 인테리어를 하려면 집주인이 모든 공정의 계획을 짜고, 현장에서 직접 컨트롤하며 작업 지시를 내려야 한다. 건축 용어며 오래된 집의 관리법도 잘 모르는 내가 시공에 직접 관여한다는 것은 무모한 일이었다. 결국 나는 반 셀프 인테리어를 깔끔하게 포기하고, 아버지께 리모델링에 대한 모든 결정과 컨트롤을 부탁드렸다.

아버지는 우리 집을 고쳐주신 리모델링 사장님께 연락을 드렸고, 사장님은 그 뒤로 몇 차례나 비탈집을 방문하셨다. 우리가 미처 발견하지 못한 부분도 전문가의 눈으로 꼼꼼히 봐주셨고, 우리의 의견도 최대한 다 반영해주셨다. 3천만 원이라는 택도 없는 리모델링 예산에서 두 배 이상 견적가가 올랐지만, 그래도 피할 수 없는 일이었다. 믿고 맡길 수 있는 전문가가 곁에 있으니 마치 주치의가 생긴 것처럼 든든했다.

오늘 오후, 리모델링 사장님을 만나 철거해야 하는 부분을 레이저 수평계로 정확히 표기하는 작업을 했다. 드디어 리모델링의 뼈대를 결정짓는 순간이었다. 최대한 남겨놔야 하는 기둥이나 벽은 살려두면서도, 덜 답답하도록 적당히 공간을 뚫는 것이 관건이었다. 있는 벽을 바라보고 사라진 벽이라 상상하며 가구 배치를 가늠하는 일은 쉽지 않았다.

열심히 도면을 그려갔지만 현장에서 공간을 바라보면 또 헷갈렸다. 나는 모든 공간을 아주 세련되게 바꾸고 싶지는 않았다. "이거는 최대한 살려주세요."라고 하거나 "이 부분도 그냥 남겨주세요."라는 말을 제일 많이 했다. 특히 집안 가득 유리란 유리는 99%가 구름 모양의 유리였는데, 이건 '비베렌토'라는 공방의 유리공예 작가님께 드릴 거여서 조심히 철거해달라 부탁드렸다.

하지만 철거할 때는 조심조심하려다가 시간이 다 가기 때문에 보통은 막 때려 부순다고 하셨다. 결국 오늘 오후, 먹치기 작업이 끝나고 비베렌토 공방의 작가님들이 출동하셨다. 두 작가님과 반차를 쓰고 달려오신 아버지와 함께 넷이서 구름 유리 철거 대작전을 펼쳤다. 살릴 수 있는 것은 최대한 살리며 구름 유리를 다 떼어내니 한 차로도 부족할 만큼의 양이 나왔다.

불투명한 재질에 올록볼록 구름 모양이 독특한 이 유리는 요즘에는 생산하지 않아 귀한 것이라 했다. 유리공예 작가님께서 머물다가게의 가장 메인이 되는 입구 쪽 창문에 예쁜 스테인드글라스 작품을 만들어 주시겠다고 했는데, 이 집에서 나온 구름 유리를 최대한 활용하신다고 해서 더욱 기대되고 참 감사했다. 빈티지한 옛집에 스테인드글라스라니… 뭔가 엄청난 것이 탄생할 것만 같다!

구름 유리로 가득했던 창틀을 1차로 다 떼어내고 보니 집이 더 넓고 훤했다. 그러자 또 새로운 모양이 눈에 들어왔다. 바로 철로 만든 옛날 방범창 무늬였다. 다이아몬드와 네모, 둥그런 모양 등 나름의 규칙으로 만들어진 방범창의 모양이 꼭 스테인드글라스 무늬처럼 보였다. 나는 또 한 번 외쳤다. "이거 살리면 예쁘겠다!"

저녁이 되면 마칠 줄 알았던 작업은 나의 이 한마디로 다시 시작됐다. 망치와 빠루, 끌 등 다양한 도구를 활용해 2차 철거 작업을 시작했다. 이런 방범창은 옛날 주택에서나 찾을 수 있는 것이어서 아주 귀하게 보였다.

너무 오랜 시간 동안 박혀있어 창틀과 못이 다 녹슬어서 빼내기가 쉽지 않았다. 게다가 얼마나 무겁고 튼튼하게도 박혀있는지. 그러나 결국 인간 승리를 외치며 아래층에 있는 방범창 세 개와 위층에 달린 방범창 세 개까지 총 여섯 개의 방범창을 모두 철거하는 데 성공했다.

살리고! 살리고!! 또 살리고!!! 이 공간은 그야말로 계속 살아있는 집이다. 그것도 아주 아주 오랜 세월 동안.

2024.3.7.

두두두두 와르르 와장창

✦

 오전 7시에 눈을 떠 일찍 아침 식사를 했다. 이렇게 이른 시간에 눈을 뜬 건 간만이었다. 올빼미족으로 사는 내게는 익숙하지 않은 아침이다. 8시부터 철거 공사를 시작한다고 해서 최대한 빨리 움직였다. 현장에 도착하니 이미 철거가 막 시작되었고, 집안에 비집고 들어갈 틈도 없이 모두 바쁘게 움직이고 계셨다.

 작업자분들이 갖고 계신 철거 도구들은 크기와 무게도 남달라 보였다. 어제 8천 원 주고 산 빠루와 집에 있던 망치나 끌 따위는 명함도 내밀지 못했다. (리모델링을 맡기기 전에 호기롭게 직접 철거하겠다고 했던 과거의 나… 부끄럽다.) 철거팀은 총 다섯 분이 함께 오셨다. 각자 한 부분씩 맡아 일사천리로 철거하니 순식간에 창과 문틀이 사라졌다.

 어제 창틀 때문에 미처 수거하지 못했던 구름 유리도 몇 개 더 살려냈다. 제일 기대했던 집의 뼈대가 조금씩 보이기 시작했다. 폐기물의 양도 엄청났다. 나무는 나무끼리 모으고, 알루미늄과 철도 따로 모아 실으니 오전에 뜯어낸 것만 벌써 한 트럭이 꽉 찼다. 3시간을 꼬박 넘게 작업하고 점심시간이 됐다.

나는 빈집을 천천히 둘러보며 철거 중인 모습을 하나하나 사진으로 담았다. 내가 살던 집은 아니었지만, 어쩐지 기분이 묘했다. 방문에 붙어있던 야광별 스티커도 주웠다. 뻥 뚫린 창을 보니 정말 창과 문이 많은 집이라는 게 더 실감 났다. 철거된 창 사이로 바람이 시원하게 불어왔다. 앞으로 이곳에서 어떤 일들이 생길지 잠깐 좋은 상상을 했다.

오전에는 다행히 공사 소음이 크지 않았다. 그래도 며칠간 공사를 해야 해서 주변에 민폐를 끼치지 않을까 걱정이 되었다. 마침 다락방에 올라갔다가 옆집에 계신 할머니를 마주쳐서 양해를 구했다. 할머니는 고개를 끄덕끄덕하시며 괜찮다고 깨끗하고 예쁘게 공사를 잘하라고 말씀해 주셨다.

나는 중간중간 책방과 집, 공사 현장을 계속 오가며 철거 현장을 지켜봤다. 옥상에 연결된 전기선이 너무 지저분해서 전기팀이 오시기 전에 정리해달라고 전화도 돌려야 했다. KT, SK, LG, CMB까지 모든 통신사의 선이 옥상에 모여있었다. 마치 꼭 송전탑처럼 수많은 전깃줄이 이 집을 거쳐 가고 있었다.

다행히 연락을 받고 바로 달려오신 기사님들이 선을 바로 정리해주셨다. 하나둘 착착 진행됐다. 오후에는 전기팀이 오셔서 사전 작업을 해주셨다. 타일 사장님도 오셔서 미리 공간을 훑어보고 가셨다. 하나의 건물을 완성하는 데에 얼마나 많은 사람의 손길이 오가는지 새삼 신기했다. '나 혼자서는 절대 할 수 없는 일들이 세상에 참 많구나.' 생각했다.

  점심 식사 이후에는 본격적인 벽을 털어내는 작업이 시작됐다. 커다랗고 무거운 철거 기계를 사용해서 벽을 부수는 작업이라 소음이 아주 컸다. 힘겹게 기계를 들고 벽돌을 하나씩 털어내시는 모습을 멀찌감치에서 맘졸이며 바라봤다. 막혔던 벽이 시원하게 뚫리는 모습을 보는데 얼마나 쾌감이 있던지.

  벽을 다 털어내고 난 모습을 보니 최종 결정을 잘 내렸다는 생각이 들었다. 너무 갑갑하지도, 너무 휑하지도 않게 적절히 공간이 잘 나뉘었다. 특히 안방과 거실이 연결되는 벽만 털어냈을 뿐인데 집이 엄청 넓어 보였다. 창문도 크고 많아서 밖이 잘 보여 시원시원했다. 끝까지 토론을 벌였던 안방과 화장실 사이 벽은 내력벽이라 건들지 않았는데, 이대로도 충분히 넓고 좋았다.

중간방도 천장 쪽 일부만 남기고 완전히 털어버렸다. 내가 주로 일할 공간이라 유심히 보았다. 옆방까지 환하게 뚫린데다 제일 바깥쪽 방까지 길게 창도 내서 모두 잘 보이도록 시야가 확보된 것이 좋았다. 그런데 막상 철거를 해보니 변수가 있었다. 중간방은 보일러 공사를 중간에 한 번 새로 했던 건지 보일러선 위에 미장이 전혀 되지 않은 채 장판이 깔려있었다.

장판을 걷어내고서야 알게 됐다. 이래서 오래된 주택은 철거하고서 견적을 내봐야 정확하다는 말이 있는 거였다. 철거하는 과정에서 오래된 타일이나 벽돌이 떨어지기도 했다. 또 전엔 괜찮아 보였는데 다른 창과 문을 다 떼어내고 나니 이상해 보이는 부분도 있었다. 점점 손 봐야 하는 곳이 늘어났.

아무튼 1일 차 철거가 무사히 끝났다. 파란 하늘에 날씨도 선선하니 딱 좋았다. 그동안 강추위와 비가 계속 내려 속상했는데, 파란 하늘이 어르고 달래주는 것만 같았다. 금요일에는 2차 철거가 진행된다. 이제 새시를 맞추고, 화장실과 주방 타일을 골라야 한다. 새시가 오기 전까지는 며칠간 공사가 잠시 멈춘다. 그동안 나는 선택의 감옥에 갇혀야 한다. 아무렴, 행복한 고민이니 스트레스는 없다. 부디 나의 안목아, 열일해줘!

2024.3.8.

끝없이 고르고 골라

✦

 지난주 목요일에 시작한 철거 공사는 금요일과 토요일까지 이어졌다. 첫날, 해가 아직 남아있는 저녁 6시까지 꽉 채워 작업을 하고 가주신 덕분에 금요일에는 공사 현장이 비교적 여유로웠다. 하지만 나는 리모델링 사장님과 함께 여기저기 아주 바삐 움직였다. 타일과 욕실, 주방 가구를 모두 골라야 했다. 고민과 갈등이 많아지면 어쩌나 싶어 어머니도 함께 갔다.

 의외로 마음에 꽂히는 것들이 탁탁 눈에 띄어서 꽤 빠르게 골랐다. 일단 전체적인 인테리어 톤을 미리 잡아두니 어울릴 만한 색상과 무늬만 고르면 돼서 다행히 어렵지 않았다. 가장 주된 색상은 건물 전체를 감싸고 있는 적벽돌색이고, 포인트 색은 로고에 담긴 선인장의 초록으로 기준을 잡았다. 연한 바탕색은 2층 건물을 감싸고 있는 석벽돌같은 옅은 회색으로 정했다.

 욕실과 주방, 현관 바닥 타일 선택이 빠르게 끝나고, 화장실 기물도 함께 골랐다. 1층과 2층 화장실 둘 다 크기가 크지 않아서 고를 것이 많지는 않았다. 2층은 더 많은 사람이 사용할 것 같아 남자 소변기를 추가했다. 세면대는 배관 다리가 없는 반

다리 매립형으로 골랐다. 수전과 거울도 전문가의 추천을 받아 타일과 잘 어울릴만한 것으로 골랐다.

이어서 주방 가구를 고르러 이동했다. 눈에 띄던 원목 주방은 너무 값비싸서 보편적인 것으로 택하고, 대신 주물 손잡이를 넣어달라고 했다. 대리석과 장 색깔은 고민 끝에 회색빛 테라조 무늬 대리석에 짙은 청록색 장으로 골랐다. 전체적으로 가구 톤이 어두울 것 같아 일부러 묵직한 색을 택했다.

마치 퍼즐 조각을 맞추는 기분이 들었다. 이 퍼즐을 다 조합하면 어떤 그림으로 완성될지 너무 궁금하다. 부디 내 선택이 실망스럽지 않기를 간절히 바랄 뿐이다. 우리는 쉴 틈도 없이 점심만 간단히 먹고 다시 공사 현장으로 돌아와 새시 미팅을 했다. 새시야 말로 이 건물의 가장 많은 면적을 차지하는 인테리어 요소인데다, 공사비의 제일 큰 부분을 차지하는 것이기도 했다.

그만큼 오랜 시간 토의 끝에 새시를 드디어 결정했다. 전문가가 오셔서 조율하며 달라진 부분도 있었다. 우리가 생각했던 모양이 옛날 스타일이라 요새는 시공이 불가능해 포기해야 하는 것도 있었다. 결국 가장 메인이 되는 큰 창 두 개만 격자창으로 하기로 하고, 스테인드글라스로 꾸밀 창은 통창으로 했다. 나머지 외벽 창은 처음에는 단열을 위해 모두 이중창으로 하기로 했는데, 영 예쁘지 않을 것 같아 막판에 몇 개는 통창으로 바꿨다.

선택의 연속인 리모델링 과정을 겪으며 이상과 현실을 조율하는 법을 계속 배우고 있다. 인생이 내 뜻대로만 되지는 않지만, 그렇다고 해서 또 아주 나쁘지만은 않다는 것도. 1차 선택을 모두 마치고, 오후에는 화장실 철거하는 것을 보다가 인터넷 연결과 보안 시스템 설치를 위해 KT텔레캅에도 전화했다. 마침 KT 통신사를 이용하고 있어서 결합 할인으로 모두 묶어 신청했다.

이 통화 역시 만만치 않게 길었지만, 직접 방문 없이 전화로 상담해 신청할 수 있어 아주 간편했다. 인터넷으로 상담 신청을 하니 곧바로 상담사님께 전화가 왔다. 아주 깔끔하고 정확하게 잘 말씀해 주셔서 이해가 쏙쏙 됐다. 덕분에 필요한 부분을 잘 상의했고, 전기 배선 작업을 할 때 방문 기사님도 보내주시기로 했다.

모든 것이 퀘스트를 깨듯이 하나둘 착착 진행됐다. 꼼꼼히 확인하다가 철거를 빠트린 부분도 몇 군데 발견해 토요일까지 철거 작업을 마저 해주셨다. 욕실 철거도 별도로 진행됐다. 배관과 수도 연결이 필요한 작업이어서 더 오래 걸렸다. 게다가 화장실이 세 개나 있어 세 분의 작업자가 오셔서 동시에 작업을 해주셨다.

철거 작업은 3일 만에 끝이 났다. 타일과 주방, 욕실, 새시에 이어 끊임없는 선택의 연속이 내 앞에 또 펼쳐졌다. 문짝 하나를 고르는 데에도 수많은 선택이 필요했다. 다행히 방에 달린 문은 다 제거해서 선택해야 하는 문이 아주 많지는 않았다. 2층 현관과 주방, 다락, 화장실, 보일러실의 문과 1층 현관과 화장실 문만 고르면 됐다. 하지만 재질도 용도도 모두 달라서 많은 고민이 필요했다.

처음에 뭣도 모르고 고른 문은 너무 비싸서 포기하기도 했다. 특히 현관문은 건물의 얼굴과도 같아서 쉽게 고르기가 어려웠다. 문짝의 재질과 디자인, 색상, 타공에 들어가는 유리의 종류와 두께, 손잡이의 디자인과 색상 등 고를 것이 한가득이었다. 두툼한 샘플 책자를 이리저리 넘겨 가며 하나씩 차근차근 모두 골랐다.

전체적인 조화와 컨셉을 생각하면서 디자인과 색을 골라야 하니 선택이 쉽지만은 않았다. 수많은 의견과 조언 속에서 적당히 내려놓으면서도 적절히 내 생각을 지키는 일이 참 중요했다. 내가 확신을 갖지 못하고 갈팡질팡하는 순간 인테리어가 산으로 갈 것만 같아서 두려웠다. 아무튼 최종 결정은 결국 내가 내려야 한다.

월요일부터는 전기공사를 시작한다. 또 아침 일찍부터 어떤 꽉 찬 하루를 보내게 될까. 어떤 선택지들이 내 앞에 펼쳐질까. 정신 똑바로 차리자!

2024.3.11.

한 박자 쉬고 두 박자 쉬고

✦

어제의 예상과 달리 오늘은 생각보다 널널한 날이었다. 리모델링 과정을 지켜보며 느끼는 바가 많은데, 그중 하나는 바로 이 바닥(?)이 아주 변수투성이라는 점이다. 약속한 날짜와 시간에 업체가 오지 못하는 경우도 다반사고, 추가 공정이 생겨 예산을 벗어나는 경우도 허다하다. MBTI가 J로 끝나는 나에게는 엄청 스트레스를 주는 일이다.

그런데 이 모든 과정을 총괄하고 계신 리모델링 사장님은 단 한 번도 분노와 짜증을 내시지 않았다. 토요일 아침 8시부터 나와 4시간 동안 기다리기만 하시다가 허탕 치신 날에도 그저 조용히 근처 카페에서 커피 한 잔을 드시고 가셨다. 이 업계에 오랫동안 머문 분의 태도는 사뭇 달랐다. 하지만 본인은 절대 약속을 어기는 법이 없으셨다.

철거 공사가 시작되는 첫날, 작업자분들께 드릴 음료수를 사 들고 간 내게 리모델링 사장님은 고맙다고 말씀하시면서도 이번이 처음이자 마지막이라고 단호하게 말씀하셨다. 앞으로는 사 오지 말라고 거듭 강조하셔서 이후로는 조금 더 가벼운 마음으로 공사 현장을 나갔다. 작업자분들은 본인들의 루틴대로 서로를 챙기며 일하곤 하셨다.

정확하고 깔끔하며 단호한 리모델링 사장님의 성격은 며칠 일하시는 모습만 보고도 금세 파악할 수 있었다. 하지만 오랫동안 손발을 맞춰온 작업자분들이 공사 현장에 처음 오실 때면 적절한 농담과 너스레로 부드럽게 맞이하시곤 했다. 함께 일하시는 분들도 대부분 성격이 유하고 섬세하신 분들이 많았다. 리모델링 일을 하시는 분들이 거친 성격일 거라는 생각은 완전히 편견이었다.

여러 공정을 한꺼번에 총괄하는 리모델링 사장님의 모습을 보며 리더의 자질에 대해서 곰곰이 생각했다. 부드러운 카리스마란 바로 이런 것일까. 상대방을 기분 좋게 만들면서 동시에 자신이 원하는 방향을 정확하게 지시하고 이끌어가는 사람. 강압적이지 않지만 강하고, 부드럽지만 무르지 않은 사람. 나도 그런 사람이 되면 좋겠다고 생각했다.

오늘은 원래 전기공사가 시작되기로 한 날이었다. 세 집으로 나누어 사용하던 전기를 하나로 합쳐야 하고, 노후 주택이라 여러 군데 손봐야 할 것이 많은 바람에 원래 하기로 했던 업체에서 공사를 포기하셨다고 했다. 결국 내일 다른 업체에서 공사해 주시기로 했고, 오늘은 갑자기 공사 일정이 붕 뜨고 말았다. 정신없이 바쁘게 일주일을 시작할 거라 예상한 월요일이 졸지에 아주 여유로워졌다.

여차저차 공사 기간이 조금씩 지연되고 있다. 물론 공사를 본격적으로 시작하면 모든 게 내 뜻대로만 되지는 않을 거란 걸 알았다. 그러니 모든 일을 시작하기 전에 항상 여유를 두고 생각해야 한다는 걸 다시 한번 배웠다. 조급한 마음으로 일을 서두르면 결국 나만 손해인 일이었다.

하지만 리모델링 사장님의 입장은 조금 달랐다. 날씨가 점점 풀리며 새로운 일이 들어오는 때여서 우리 공사가 얼른 착착 진행되어야 다음 일을 바로 진행하실 수 있는 거였다. 가장 오래 걸리는 새시도 일주일 이상 기다려야 하고, 문짝 역시 다 맞춤 제작이어서 일주일 정도 시간이 걸린다고 했다. 이 와중에 먼저 진행해야 하는 전기공사까지 미뤄졌으니.

하지만 이렇게 하루를 그냥 날릴 수는 없었다. 여느 때처럼 아침 8시에 공사 현장에 나오신 리모델링 사장님은 당장 먼저 할 수 있는 작업이라도 미리 해야겠다고 판단하셨다. 사용하지 않는 도시가스와 수도 배관을 정리하고, 철거 후에 보기 싫게 남은 자국을 깨끗이 지우는 일을 진행하셨다. 외벽에 남은 실리콘 자국부터 타일 사이의 때까지 깨끗하게 정리됐다.

단골손님께 선물 받은 안전모까지 쓰고 현장을 찾아간 나는 조금 민망해졌지만, 이참에 한 템포 쉬어간다는 마음으로 다시 한번 공간을 꼼꼼히 돌아봤다. 전기공사를 시작하기 전에 최종적으로 콘센트를 만들어야 하는 위치도 모두 결정했다. 바깥 외벽에 간판과 조명, CCTV 등을 설치할 위치도 구상했다. 공사 현장은 조용했지만 내 머릿속은 시끄러웠다.

여러 가지 업무 전화와 메일도 계속 왔다. 월요일은 월요일이니까. 나는 책방을 왔다 갔다 하며 틈틈이 일했다. 문득, 반 셀프 인테리어를 했으면 어쩔뻔했나 아찔한 생각이 들었다. 분명 계획대로 일이 되지 않고 틀어질 때마다 나는 뇌가 정지됐을 것 같다. 내 눈에 쉬워 보이는 일은 역시 전문가의 노력과 노련함 때문이었다는 걸 철저히 깨닫는다.

나는 아직도 모든 일이 다 처음인 것만 같고, 여전히 새롭고 어색하다. 갈 길이 아주 멀다. 그 끝이 어디인지도 모르겠고, 언제쯤 완벽하게 익숙해질지는 더 모르겠다. 그러니 부지런히 계속 노를 저어야겠지. 아, 그래도 오늘은 한 박자만 쉬고.

2024.3.12.

슬기로운 건축주 생활

✦

 오늘은 비 소식이 있는 날이었다. 이른 아침부터 정화조 공사로 더러워진 외벽을 물청소하고, 드디어 전기공사도 시작했다. 벽지 위에 콘센트 자리를 매직으로 미리 표기해뒀는데, 그릴 때는 쉬웠지만 막상 전기를 연결하는 일은 결코 쉬운 일이 아니었다. 건축주 입장에서는 전기가 필요한 위치에 쓱쓱 그리면 그만이지만, 전기공사 작업자분들은 어디에서 전선을 뽑아올지를 고민하며 한땀 한땀 벽이나 땅을 파내야 했다.

 공사하는 소리도 끊임없이 크게 울렸다. 세밀하게 땅과 벽을 파내는 일이어서 정말 고도의 기술이 필요해 보였다. 콘센트 표기를 할 때는 콘센트 크기만 한 네모를 그리고 그 안에 X자를 그렸다. 옆에 어떤 전자제품을 꽂을 건지 적어두기도 했다. 너무 높이 있거나 애매한 곳에 있는 콘센트의 위치도 화살표로 표기해 모두 옮겼다.

 오후에 공사 현장을 방문했는데, 내가 미리 표기해둔 곳마다 콘센트 들어갈 자리가 파여있었다. 땅과 벽에 마치 개미굴처럼 작은 길도 나있어서 어디에서 전선을 따오는지도 한눈에 보였다. 어떤 위치는 아주 멀리서 끌어와야 하는 곳도 있었다. 위치를 표기할 때는 몰랐던 부분들이 작업하시는 현장을 보니 하나하나 다시 보였다.

게다가 머리부터 발끝까지 온몸에 하얀 돌가루가 소복이 쌓인 채로 쉬지 않고 일하시는 모습을 보니 괜히 죄송한 마음도 들었다. 그동안은 한 번도 생각해본 적도 없는 콘센트 속의 세계를 들여다보며 세상에 거저 되는 일은 없다는 말을 실감했다. 직접 눈으로 보고 소리로 듣고, 먼지를 마셔보지 않았으면 절대 알 수 없는 세계였다.

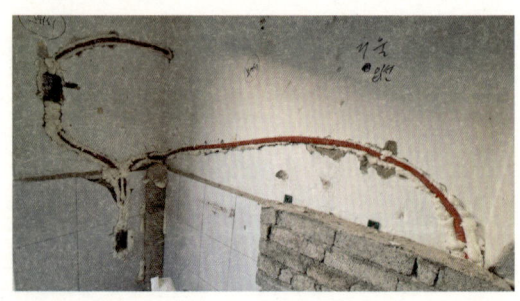

전기공사는 하루로는 끝낼 수 없는 양이었다. 보통 일반 가정용 전기는 3㎾를 쓰는데, 영업용으로 사용해야 하니 전기 증설도 필요했다. 특히 주방 쪽은 전기 사용이 많아서 사전에 콘센트를 잘 빼둬야 했다. 또 에어컨 같은 경우는 전기를 많이 쓰기 때문에 사용할 제품의 소비전력도 미리 확인해야 했다. 불필요하게 너무 많이 증설하면 전기세 기본요금이 오르기 때문에 사용할 만큼만 증설하는 것이 가장 좋다고 하셨다.

리모델링을 업체에 전부 턴키(turnkey)로 맡기면 나는 가끔만 왔다 갔다 하면 될 줄 알았는데 전혀 아니었다. 건축주가 공사 현장에 있어야 빠르게 소통하고 결정하는 것도 가능했다. 혹시나 빠트린 부분이 없는지도 내가 계속 점검해야 했다. 공간을 사용할 사람이 누구보다 가장 정확히 알기 때문이다.

나는 여러 스티커를 덕지덕지 붙인 커스텀 안전모를 눌러쓰고 종일 공사 현장을 쏘다녔다. 불꽃도 가끔 팡팡 튀고 돌가루가 후두두 떨어지는 현장에서 안전모는 아주 유용하고 든든했다. 게다가 걷다가 천장에서 무언가 떨어졌는데 안전모를 써서 다행히 다치지 않았다. 마침 오후에 비도 내렸다. 안전모가 있으니 우산을 쓸 필요도 없었다.

먼지가 날리는 전기공사 날에 비가 살짝 내리니 먼지가 가라앉아 오히려 좋았다. 그런데 맑은 날에는 보이지 않았던 집의 문제들이 속속 드러났다. 건물 외벽에 달린 우수관이 너무 높은 위치에서 잘려있어 물이 콸콸 튀며 쏟아지는 곳도 있고, 배수구멍이 있는 쪽 땅이 미묘하게 높아서 물이 제대로 안 빠져 고여있는 곳도 있었다.

갈수록 고쳐야 할 것들이 눈에 더 많이 들어왔다. 처음에는 이상해 보이지 않았던 것도 다른 부분이 수리될 때마다 눈에 띄었다. 다 같이 낡고 지저분한 상태일 때는 몰랐다가 옆 부분이 깨끗해지면 유독 더러운 곳이 튀어 보였다. 내가 뒤늦게 발견하고 말씀드리면 리모델링 사장님은 이미 머릿속에 다 파악하시고 대책을 생각하고 계셨다.

또 2층에 있던 보일러 한 개를 1층으로 옮기면서 주변의 지저분한 것도 다 정리됐다. 녹슨 보일러관에 새롭게 페인트칠까지 하고 마감하니 보는 것만으로도 눈이 시원했다. 처음에는 막막하게만 보이고 답답했던 부분들이 하나하나 누군가의 손을 거치니 새 생명을 얻은 것처럼 보였다.

이것이 바로 집수리의 기쁨일까. 내 손으로 직접 고친 게 아닌데도 뿌듯한 기분이 들었다. 게다가 내 집처럼 꼼꼼하게 작업해주시는 분들의 손길이 하나하나 느껴져 감사했다. 사다리를 아슬아슬 올라타고, 무거운 기계를 들고, 땀 흘리며 작업하시는 분들의 뒷모습을 보며 계속 기도했다. 이곳에서 아무도 다치지 않기를. 모두 끝까지 안전하기를.

내일도 전기공사가 이어진다. 인터넷 선을 설치하러 기사님도 방문하실 예정이다. 오늘 밤에는 전기와 인터넷 선에 대해 좀 더 찾아보고 자야겠다. 아주 전문적인 것까지는 모르더라도 용어는 알아들을 줄 알아야지. 슬기로운 건축주가 되는 그날까지!

2024.3.13.

이거 나만 이해 안 돼?

✦

　인생사 새옹지마(塞翁之馬). 이 사자성어를 처음 배웠을 때부터 이상하게 이 말이 좋았다. 인생에 있어서 길흉화복은 항상 바뀌어 미리 헤아릴 수가 없다는 뜻. 나쁜 일이 있을 땐 기다리는 마음을, 좋을 일이 있을 땐 겸손한 마음을 주는 말이어서 마음의 평정심을 유지해야 할 때마다 이 말을 떠올렸다.

　오늘이야말로 '새옹지마'가 딱 떠오른 날이었다. 며칠 전, 전화 통화로 KT텔레캅에 가입신청을 해 오늘 아침 9시에 CCTV 기사님과 설치 미팅이 있었다. 이 약속을 잡는 과정에서도 여러 기사님과 통화가 오가서 헷갈렸다. 이름도 모르는 분께 전화가 올 때마다 'KT 설치'라고만 저장해 두었더니 혼란스러웠다.

　9시에 방문해주신 기사님과 상담 후 CCTV의 위치를 확정하고, 리모델링 사장님과 전기팀과도 소통하며 선이 지나가야 하는 자리에 대해 논의했다. 이렇게 리모델링 과정에서 목공 작업이 마무리되기 전에 인터넷 설치 상담을 받아야 나중에 깔끔하게 선을 미리 넣어 정리할 수 있다고 했다.

　그렇게 상담을 정리하려는데, 기사님께서 내가 가입한 상품은 별도 저장장치에 녹화가 되는 시스템은 아니라는 걸 알려주셨다. 휴대폰으로 CCTV를 볼 수 있다고 해서 신청했는데, 알고 보니 휴대폰으로'만' 실시간 시청할 수 있는 상품에 가입된 것이었다.

혹시나 모를 상황에 대비해 녹화도 해야 할 것 같아서 상품을 다시 바꿔 달라고 요청드렸다. 상담을 마치고 가시려던 차에 기사님이 실수로 옆집의 주차금지 라바콘을 조금 깨뜨리셨다. 주민분이 곧바로 나오셔서 화를 내셨고, 우리는 모두 달려 나가 싸움을 말렸다. 결국 나는 일을 수습하기 위해 주차금지 라바콘을 새로 사러 갔다.

철물점에 가면 파는 줄 알았는데, 동네 철물점을 세 군데나 찾아가 봤지만 어디에도 파는 곳이 없었다. 중앙시장 쪽으로 가보라는 말씀을 듣고 시장 근처에 있는 철물점들도 가보았는데 역시 일반 철물점에서는 팔지 않았다. 어떤 철물점 사장님께서 '대전안전공사'라는 가게를 소개해주셔서 겨우 찾아가 라바콘을 살 수 있었다.

여차저차 오전이 훌쩍 지나가 버렸고, 나는 점심을 챙겨 먹고 부랴부랴 다시 현장으로 나갔다. KT에서 또 설치 기사님이 방문하시겠다고 했다. CCTV 상품 재가입을 위해 오시기로 한 상담사님을 오후 2시에 뵙기로 했는데 그 전에 또 다른 분이 오신 것이다. 이번에는 인터넷 설치 기사님이라고 했다. 그때부터 내 머릿속에는 물음표가 잔뜩 생겼다.

 대전의 버스정류장 이름 중에 서대전네거리, 서대전네거리역, 서대전역네거리가 모두 다른데 너무나 헷갈리는 것처럼 말이다. 인터넷 설치 기사님은 전기팀과 이야기를 나누고 인터넷 선 일부를 전달해주고 가셨다. 이후에 오신 상담사님은 CCTV 상품에 대해 다시 정확히 안내해주시며 재가입을 도와주셨다. 원래 가입했던 상품은 취소 처리를 해주시겠다고 했다.

 CCTV 가입 상담을 마쳤는데, 나는 갑자기 또 헷갈리기 시작했다. 처음에 가입한 휴대폰+인터넷+CCTV 결합상품이 모조리 다 해지된 것이라고 착각한 것이다. 인터넷 가입은 그대로 유지되는 것인지를 KT텔레캅의 CCTV 설치 기사님이나 상담사님께 여쭤봐도 명쾌한 답을 얻지 못했다. 나는 KT 지옥에 빠져 혼란스러움에 머리가 깨질 듯 아팠다.

 결국 KT 고객센터에 연결해서 인터넷 가입신청이 된 것인지 여쭤봤는데, 가입된 것이 없다고 했다. '그럼 어떻게 인터넷 설치 기사님이 방문해주신 거지? 내가 갑자기 상품 가입을 취소해서 아직 취소사항이 전달이 안 된 건가?' 이런 내 궁금증을 명쾌하게 해결해줄 분은 처음 가입 신청을 도와주셨던 전화 상담사님뿐이었다.

 나는 다시 한번 KT 고객센터에 전화를 걸어 처음 가입 상담을 해주셨던 상담사님을 찾았다. 오랜 시간 꼼꼼하게 상담해주셨던 분의 목소리를 다시 들으니 어찌나 반갑던지. 상담사님은 안 그래도 내가 KT텔레캅 상품을 취소하여 전화를 주시려던 참이었다고 말씀하셨다. 나는 오늘 내가 헷갈렸던 모든 일을 상담사님께 다 털어놓았다.

알고 보니 KT라는 회사에서 통신사를 이용하던 내가 KT 인터넷을 새로이 가입한 것이었고, KT텔레캅이라는 별도 자회사에서 CCTV 설치를 추가 신청한 것이었다. 한 마디로 KT와 KT텔레캅은 완전히 다른 회사였고, KT에서 나오는 '인터넷' 설치 기사님과 KT텔레캅에서 나오는 'CCTV' 설치 기사님도 완전 다른 분이었던 거다. 그러니 내가 아무리 CCTV 설치 기사님께 인터넷에 대해 여쭤보아도 정확한 대답을 얻기가 힘든 것이었다.

궁금증이 풀리자 지끈거렸던 두통이 사르르 풀렸다. 꼼꼼하게 차근차근 설명해주신 상담사님 덕분에 종일 느꼈던 혼란스러움이 한 번에 해결됐다. 오늘은 시간이 너무 잘 갔다. 온종일 기가 쪽쪽 빨린 하루였다. 공사 현장은 미처 신경을 못 썼는데, 저녁쯤 다시 현장에 가보니 전선 입선 작업이 거의 마무리되어 있었다.

누가 그랬던가. 집 지으면 10년은 늙는다고. 그런데 리모델링 사장님이 그러셨다. 리모델링으로 집을 고치는 것보다 신축으로 집을 짓는 게 훨씬 쉽다고. 그럼 난 오늘 몇 년이나 늙은 걸까? 공사를 잠깐 멈추고 며칠만 쉬고 싶다는 마음이 간절한 오늘이었는데, 내일부터는 또 다른 공사가 시작된다. 됐고, 잠이나 빨리 자자.

2024.3.14.

잘 머물다 가시고, 또 오세요!

✦

 어느덧 공사를 시작한 지 일주일이 지났다. 매일 뚝딱뚝딱 공사하는 소리가 울려 퍼지니 주변에 있는 주민분들이나 지나가는 사람들도 관심을 보이신다. 나는 가끔 건물 멀찍이 서서 지나가는 이들의 모습을 관찰하곤 했다. 건물을 기웃기웃 바라보며 "뭐가 생기려나 봐."라며 궁금해하는 사람들의 모습을 보며 몰래 두근두근하기도 했다.

 오늘은 지나가는 어떤 할머니께서 내게 말을 거셨다. "여기 뭐 생겨요? 카페에요?" 나는 서점이 생긴다고 답했다. 차도 드실 수 있으니 나중에 놀러 오시라 말씀드렸다. 할머니는 어쩐지 미간을 찌푸리시며 "여기 근처에 카페가 많아서 장사가 안 될 텐데…"라며 혼잣말인 듯 혼잣말 아닌 말을 남기시고 뒷짐을 진 채 길을 지나가셨다.

 문득 대동 8-20번지에 처음 가게를 열기 위해 준비하던 2019년의 봄이 떠올랐다. 새로운 간판을 달기 전, 로프를 타고 있는 사람이 그려진 간판 아래의 작은 공간에서 복작복작 인테리어를 했던 그때. 지나가는 어르신들의 걱정을 참 많이도 받았었다. "뭐 하는 데예요?"라는 말을 스무 번쯤 들었고, "서점이에요."라고 답하면 다들 반응이 비슷하셨다.

"여기 책 읽는 사람 없는데… 장사가 되려나 몰라."라며 하나같이 걱정스러운 목소리로 말씀하시곤 했다. 나는 속으로 '저도 알아요. 장사는 잘 안될 거란 거^^;;'라고 생각하면서도 걱정해 주시는 어르신들의 관심이 감사했다. '아, 내가 지금 마을 안에 있구나. 여기서 재밌게 놀아야지.' 생각했다. 그때는 창업 준비를 하는 데에 부담 없는 예산으로 시작했으니 그랬다.

하지만 지금은 상황이 다르다. 점점 오르는 자잿값과 인건비에 공사비도 예상보다 이미 많이 오버됐고, 숨만 쉬면 몇백씩 돈이 나간다는 창업 선배님들의 이야기가 공포 괴담처럼 들린다. 조금씩 새롭게 단장되는 건물을 바라보면서 뿌듯하다가도 집으로 돌아와 잠들기 전에는 한 번씩 걱정의 파도가 몰려오기도 한다.

파란만장했던 어제와 달리 오늘은 큰 이슈 없이 공사가 잘 진행됐다. 이어지는 전기공사 작업과 함께 목공 작업이 처음 시작되는 날이었다. 30년 가까이 합을 맞춰오신 전기팀과 목공팀이 착착 각 파트의 작업을 분주히 하시는 모습을 보다가 나도 짐을 정리하기 위해 책방으로 왔다.

가끔씩 정리를 했는데도 내 책상에는 금방 자잘한 것들이 자주 쌓였다. 한바탕 정리를 해도 티가 잘 나지 않았지만, 지저분한 것과 필요 없는 것을 버리고, 안 쓰는 물건의 짐도 한 박스 싸두었다. 한꺼번에 하려면 병날 것 같아 매일 조금씩 틈을 내서 정리하기로 했다.

책상 정리를 하다가 머물다가게 방명록을 발견했다. 요즘은 잘 꺼내두지 않아서 기록이 별로 없었는데, 예전부터 손님들이 깨알같이 써주신 방명록의 글을 찬찬히 읽어봤다. 기억도 가물가물한 이들의 이름과 방문한 날짜가 빼곡하게 적혀있었다. 어떤 글은 자신에게 쓰는 일기처럼, 또 어떤 글은 책방지기에게 남기는 편지처럼 쓰여있었다.

방명록 속에 가장 많았던 글귀는 '잘 머물다 갑니다.'와 '또 놀러올게요.'였다. 저마다의 글씨로 꾹꾹 눌러쓴 방명록을 읽으며 그 어떤 책을 읽었을 때보다도 마음이 금방 데워졌다. 책방에 머무는 동안 일기를 자주 쓰지 못해 자책했던 지난 시간에 대한 보상을 받는 것 같은 기분도 들었다.

가끔 힘들고 지칠 때마다 이 방명록을 꺼내 읽어야겠다고 생각했다. 그리고 새로운 공간에서는 더 많은 손님들의 이야기를 받아내리라! 다짐했다. 햇빛이 드는 예쁜 창가 앞에 앉아서 공간을 오롯이 느끼며 조용히 자신의 이야기를 털어놓으실 수 있도록 방명록을 쓰는 책상을 꼭 만들어 두어야겠다고도.

오늘은 공사 현장에 작업자분들이 많이 계셔서 자주 들여다보지는 못했다. 새시가 늦게 나오는 바람에 할 수 있는 목공 작업을 먼저 시작한다고 하셨는데, 더럽고 지저분한 벽에 석고보드가 둘러싸인 모습만 보아도 거의 완성된 것처럼 보였다. 2층에 이어 1층 전기 작업도 잘 이루어졌다. 오늘의 공사가 끝난 현장을 찬찬히 둘러봤다.

 날것의 공사 현장 바닥을 밟으며 널브러진 작업 도구들 위로 황금빛 노을이 내려앉는 모습을 한참 바라봤다. 단정하고 따스한 가구가 놓일 모습과 행복한 미소를 지으며 머무를 손님들의 모습을 떠올렸다. 상상만으로도 참 아름다웠다.

2024.3.15.

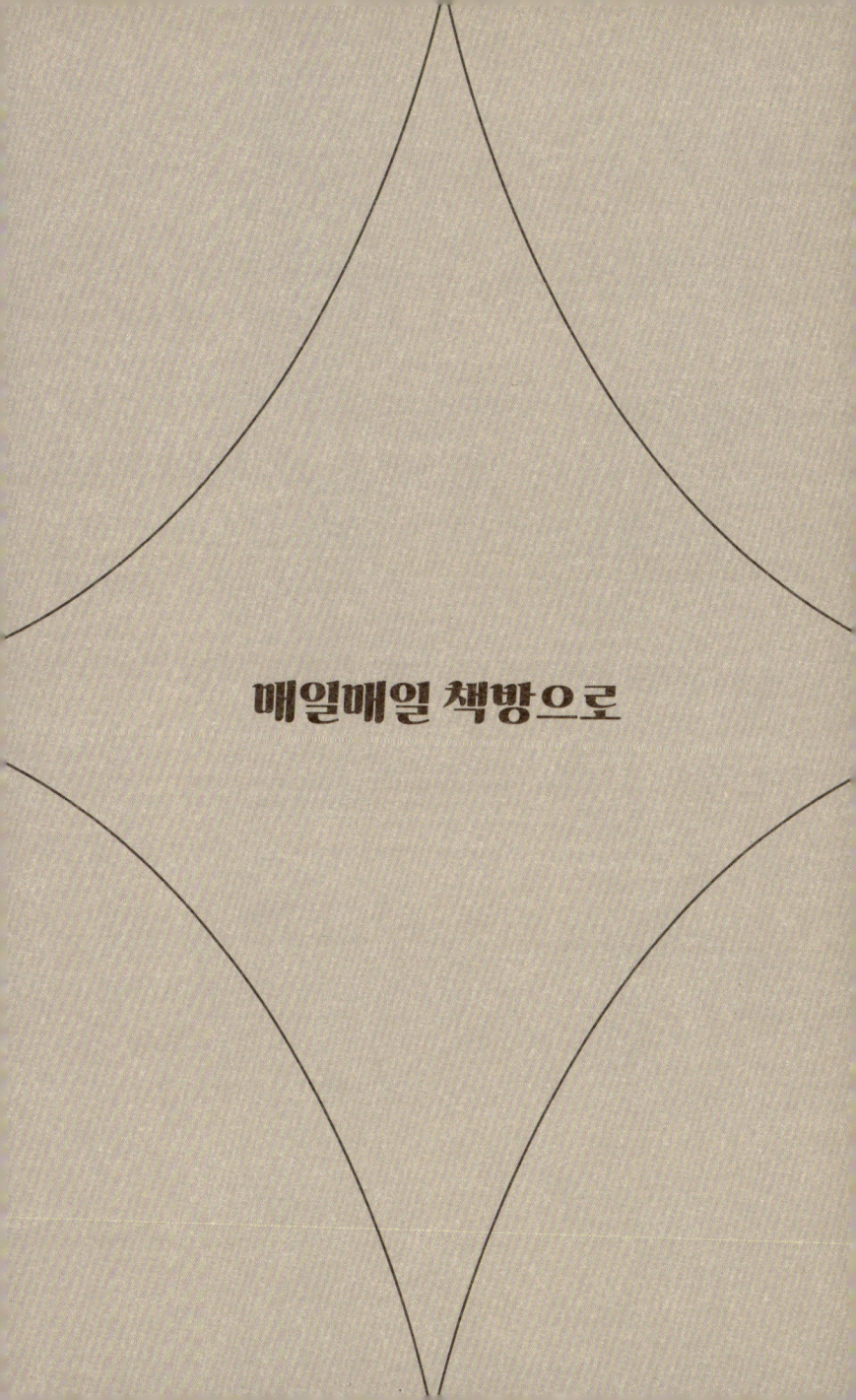

매일매일 책방으로

월화수목금금금 공사 ing

✦

 공사를 잠깐만 멈추고 싶다는 말이 씨가 된 걸까. 금요일 오전에는 구청 건축과에서 방문 점검을 나와 잠시 공사를 쉬었다. 혹시나 문제가 되는 건가 싶어서 잠깐 긴장했는데, 다행히 위반 건축물이 없는지 확인하는 간단한 절차였다. 점검을 마치고 난 뒤 오후부터는 다시 바쁘게 공사 현장이 움직였다.

 전기팀과 목공팀, 보수팀, 철거팀이 동시에 공사를 진행했다. 리모델링 시장님은 마치 마에스트로처럼 연필 한 자루를 귀에 꽂은 채 열심히 현장을 지휘하셨다. 작업자 열 분이 각자의 자리에서 분주히 움직이시는 모습을 보니 정말 오케스트라 연주를 눈으로 보는 것만 같았다.

 복작복작 사람들과 자재로 공사 현장이 꽉 차서 기웃거리기도 힘들었다. 각자의 전문 기술을 활용해 집을 고치고 매만지는 풍경 앞에서 내가 할 수 있는 건 별로 없었다. 그저 구석구석 돌아다니며 새로워진 모습에 감탄하고, 거리에 흩어진 쓰레기를 주워 담거나 커피를 타 드리곤 했다.

 그리고 변해가는 집의 모습을 열심히 기록으로 남겼다. 있었던 게 사라지고, 없었던 것이 생기며 집은 점점 새로운 모습을 갖춰갔다. 몇 가지의 변화 중에 가장 큰 변화는 바로 창고 쪽 지붕이었다. 아슬아슬하게 얇은 각목 위로 슬레이트 지붕이 얹혀 있던 것을 싹 걷어내고, 새롭게 샌드위치 패널로 지붕을 얹은 것이다.

결코 쉬운 작업이 아니었다. 지붕이 높은 데다 애매한 위치에 있어서 작업하기가 매우 까다로웠다. 금요일에 시작한 지붕 공사는 결국 일요일까지 연속 3일 동안 이어서 작업해야 했다. 쉬는 날도 없이 연이어 작업을 빠르게 해주신 덕분에 주중에 지붕 공사를 마칠 수 있었다.

무거운 철근을 옥상으로 전부 옮겼다가 내리면서 하나하나 용접하고, 일요일에는 대형 크레인까지 와서 패널을 설치하는 마무리 작업을 하셨다. 거기에 창문도 달고, 보일러 연통까지 연결해 낡고 추웠던 옛 창고가 아주 튼튼하고 새로워졌다. 이제 맘 편히 이곳에 물건을 보관할 수 있겠다는 생각이 들었다.

전기팀의 공사도 연속 5일에 걸쳐서 토요일에 일단락됐다. 눈에 보이지 않지만 가장 중요한 작업인 전기공사는 오래된 집의 특성상 유난히 까다롭고 어려웠다. 여기저기 콘센트를 만드는 작업부터 배전함을 고치고, 전선을 새로 뽑는 작업까지. 눈으로 공사 과정을 지켜볼 때마다 가장 아슬아슬하고도 짜릿했다.

특히 외부 벽체에서 내부로 구멍을 뚫어 전선을 연결하거나

2층 바닥을 뚫어 1층 천장으로 인터넷 선을 내리는 작업은 정말 경이로웠다. 또 외관 조명 전선을 뽑는데 벽돌 라인 사이에 전선을 숨겨 티 안 나게 마감한 모습도 기가 막혔다. 상상 이상으로 꼼꼼하게 작업해주신 분들께 정말 감사했다.

목공은 또 얼마나 신의 손들이신지 모른다. 희한하게 삐뚤어지고 기울어진 집의 수평과 수직을 정확히 맞춰서 집의 균형을 바로잡아 주셨다. 천장 아래로 전선들이 복잡하게 지나간 자리나 날것의 벽돌이 그대로 드러난 벽에 목공 마감이 들어가니 벌써 새집이 된 것처럼 깔끔했다.

특히 제일 바깥쪽 방의 문을 막아 벽으로 만드니 공간이 꽤 아늑하게 느껴졌다. MDF와 석고보드 자재로 둘러싸인 방에서 풍기는 향도 왠지 좋았다. 게다가 가장 기대했던 화장실에서 탈바꿈한 동굴 책장도 마음에 쏙 들었다. 변기와 세면대가 사라지고 타일 위에 목공 마감만 해놨는데도 바로 드러눕고 싶었다.

곳곳에 듬성듬성한 부위를 막는 미장 작업도 함께 이루어졌다. 바깥 화장실을 이용할 때 비를 맞지 않기 위해 막혔던 벽을 잘라냈었는데, 원래 길이 있던 부분에는 다시 벽돌을 쌓아 벽을 만들었다. 기존에 있던 계단은 없애고, 새로 낸 길 쪽에 계단도 만들었다. 이곳에 붙일 석재타일도 골랐다.

또 비 내리는 날 우연히 발견했던 옥상의 우수관도 아랫부분을 땅 가까이 길게 덧붙여 수리했다. 이제는 사람 허리 높이에서 물이 콸콸 쏟아질 일은 없다. 눈엣가시를 제거하니 속이 다 후련했다. 이웃분도 아주 마음에 든다며 좋아하셨다.

공사 과정을 지켜보며 '리모델링(remodeling)'이라는 단어를 다시 한번 곱씹었다. 기존의 골조는 그대로 두고 새롭게 고치는 일. 신축보다 훨씬 더 자잘한 품이 들고 골치 아픈 일도 많지만, 참으로 매력적인 작업이 아닐 수 없다. 옛 모습과 새로운 모습이 뒤섞인 건물을 보며 세월의 변화와 함께 그곳에 얽힌 이들의 추억을 느낄 수 있다.

게다가 집 한 채의 변신을 위해 이렇게 수많은 분의 노고가 스며들고 있다. 이 집을 과연 그냥 내 집이라 할 수 있을까. 그동안 애써주신, 그리고 남은 공사 기간까지 계속 애써주실 모든 분께 진심으로 감사하다.

2024.3.18.

건물은 추억을 싣고

✦

 쉴 틈 없이 진행되는 공사에 지쳐서인지 월요일 아침부터 늦잠을 잤다. 작업자분들은 어김없이 아침 8시부터 공사를 시작하셨다. 매일 서로의 얼굴을 본지 어느덧 일주일이 넘어서인지 이제는 친근하고 반갑다. 지난번에 준비했던 커피가 달지 않고 쌉쌀하기만 해서 잘 못 드셨던 것이 생각나 오늘은 달달한 오렌지 주스를 들고 현장에 나갔다.

 일교차가 커서 낮에는 뜨거운 햇빛 때문에 목이 타게 더웠다. 집에서 각얼음을 싸 들고 가서 음료수를 한 잔씩 드렸다. 이런 거 사 오지 말라고 만류하셨지만 모두 벌컥벌컥 잘 드시는 모습에 안도했다. 공사하기에 딱 좋은 날씨이긴 하지만 모두 쉼 없이 달려오셔서 지치실까 걱정됐다. 나는 제일 하는 것도 없으면서 이미 체력이 많이 닳았다.

 철거팀도 오늘까지 오셔서 창고 마무리 작업을 하셨다. 지붕이 튼튼하게 올라가자 공간이 한결 아늑해졌다. 철재 틀과 벽 사이에 생긴 틈에도 폼을 가득 채워 구멍이 보이지 않도록 꼼꼼하게 마감해주셨다. 놓칠 수 있는 곳들까지 신경 써서 작업해주셔서 감사했다. 하자를 살펴야 하는 건축주의 역할이 무색하게 기대 이상으로 모두 세심하게 마무리해 주셨다.

그리고 가장 기대했던 동굴 책장의 하이라이트 아치문도 뼈대가 만들어졌다. 아치문을 어떻게 만드는지 궁금했는데, 늦잠을 자는 바람에 안타깝게도 작업 과정을 지켜보지 못했다. 아무튼 상상했던 모양의 둥글고 예쁜 아치문이 탄생했다. 어른이 들어가도 너무 낮지 않아 딱 좋았다. 이제는 이곳이 화장실이었다는 생각이 전혀 들지 않는다.

손이 제일 많이 가는 목공 작업은 새시가 들어가야 하는 벽면을 제외하고 2층은 거의 다 완성됐다. 내일부터는 1층 목공 작업을 시작한다고 하셨다. 주방 쪽에 문틀과 몰딩도 달았다. 목공 작업으로 마감된 공간을 바라보니 새로운 스케치북을 펼친 듯 설렜다. 이제 이곳에 붙일 벽지도 골라야 한다.

내부 공사가 한창 진행 중일 때 큰 트럭에 잔뜩 쌓인 타일이 도착했다. 기사님께서 타일을 배송하러 오신 건데, 부피가 그다지 크지 않은 타일 박스를 끙끙거리며 옮기시는 걸 보았다. 그러다 2층으로 올려야 하는 타일을 1층에 잘못 내리시는 바람에 다시 박스를 옮기셔야 했다.

음료수를 건네며 타일 박스의 무게가 얼마나 되는 건지 여쭤봤다. 30kg 가까이 된다는 이야기를 듣고 깜짝 놀랐다. '그래서 이렇게 하나하나 힘겹게 나르셨구나.' 나는 타일 박스를 들어 올리는 시늉을 하기도 어려웠다. 게다가 타일이 깨지거나 손상되면 안 되니 내려놓을 때도 끝까지 힘을 주어 조심스레 내려놓아야 했다.

기사님이 괜히 왔다 갔다 힘을 두 번이나 쓰시는 모습을 보고 고민이 생겼다. 그동안 이 공간을 찾아오시는 분들이 종종 1층과 2층을 헷갈리신 것이 생각났다. 어디에서 건물을 바라보느냐에 따라 2층도 그냥 1층 같아 보여서 처음 오시는 분들은 혼란스러우실 것 같다는 생각이 들었다.

인테리어 못지않게 아웃테리어도 굉장히 중요한 요소다. 길을 지나가는 분에게는 건물 외관이 가게의 첫 이미지나 다름없다. 손님들이 헷갈리시지 않도록 외부 간판에 층을 나누어 표기해야겠다는 생각이 들었다. 마침 자양동에 살고 계신 간판 회사 대표님이 공간에 들러주셨다.

나는 메모지에 대략 끼적거린 간판 디자인 그림을 보여드렸다. 멀리서도 눈에 띄게 잘 보이도록 하려면 옥상에 간판을 크게 설치하는 것을 추천해주셨는데, 건물 앞의 길이 아주 큰 길은 아니어서 걷다가 지나가시는 분이 발견할 수 있을 정도로만 간판을 설치하고 싶었다.

간판의 위치나 모양, 재질 등에 대해 상담을 드리고, 미리 빼둔 전선도 보여드렸다. 1층에 달 어닝의 사이즈도 재보았다. 클래스나 모임에 참여하신 분이나 공간대여를 하신 분들이 혹여나 비 오는 날 밖에 나왔을 때 젖지 않으시도록 어닝을 좀 넓게 달아도 좋을 것 같았다.

간판 회사 대표님과 사이즈를 재며 1층 문 앞에 서서 한창 대화하고 있는데, 지나가는 아주머니께서 내게 말을 거셨다. "내가 여길 계속 지나갈 때마다 공사하는 걸 보는데 마음이 좀 그래서요. 오래전에 제가 여기 1층에 살았었어요." 나는 너무 놀라운 동시에 반가운 마음이 들었다. 나도 모르게 아주머니의 팔을 덥석 잡고 이야기를 여쭤봤다.

알고 보니 40년 전에 이 건물 1층에서 세탁소를 하며 꽤 오래 사신 분이었다. 그때 낳아서 기른 아이가 이제 마흔이 넘었다고 이야기해 주시는데 마음이 뭉클했다. 안 그래도 공사하면서 이 공간에 살던 분이 궁금했다며 여기에 책방과 문화공간을 열 거라고 말씀드렸다. 아주머니는 밝은 얼굴로 너무 잘했다고 말씀해주셨다.

 나는 초롱초롱한 눈빛으로 5월 중에 오픈할 예정이니 꼭 놀러 오셔서 이야기를 들려달라고 말씀드렸다. 아주머니는 부끄러워하시며 "아이구~ 내가 이야기할 게 뭐가 있다고요."라고 하셨다. 아주머니를 만난 덕분에 나의 하루에 추억이 한 장 쌓였다.

 땅을 딛고 사는 우리는 모두 누군가의 추억 위에 나의 추억을 켜켜이 쌓아 올리며 산다. 건물이 만들어지는 과정부터 그곳에 차곡차곡 머무는 사람들의 이야기까지 계속 더해지니까. 그 모든 시간을 오롯이 기억하는 건 오직 이 건물밖에 없겠지. 듣고 싶고 더 알고 싶어졌다. 이곳에 쌓인 모든 이야기를.

2024.3.19.

창문을 달아다오

✦

  머물다가게 시즌 2 공간의 주소를 공개하고 주변 분들의 여러 증언이 이어졌다. 내가 쓴 책 『어딘가에는 도심 속 철공소가 있다』에서 인터뷰했던 홍경석 장인은 어린 시절에 뛰놀던 길목이라고 하셨고, 친한 동네 친구 역시 대학생 때 기숙사가 있어 매일 오가던 길이라 했다. 큰길만 건너가면 오랜 초등학교 친구의 본가도 있다. 나 역시 자양동에서 대동으로 출퇴근하는 길에 매일 마주치던 건물이었다.

  대동에 사시는 단골손님은 강아지 산책길이라 하셨고, 인근에 살고 계신 작가님들도 오며 가며 공간을 들여다봐 주시곤 했다. 어색하고 생뚱맞은 곳이 아니라 주변의 많은 분에게도 익숙한 곳이라 더 좋았다. 내 편이 생긴 것처럼 든든했다. 대전에 자리를 잡은 뒤로 한 번도 이 동네를 떠나 이사한 적이 없는데, 떠나고 싶은 마음이 전혀 안 드는 것도 참 신기하고 행복한 일이다.

  누구보다 자신 있게 우리 동네라 부를 수 있는 곳. 꼬박 28년을 수없이 걸어온 길. 어떤 이에게는 지겹고 떠나고 싶은 곳일지도 모르겠지만 내게는 너무 소중한 동네. 이러한 곳에 뼈를 묻는(?) 마음으로 자리 잡게 된 것이 새삼 오묘하게 느껴졌다. 사실 이곳을 떠나고 싶은 마음이 간절했던 날이 내게도 있었다. 스무 살 무렵이었다. 이 동네를 떠나고 싶다기보다는 대전을 뜨고 싶은 마음이었다.

지겹도록 서울을 오가고, 심지어 서울에 몇 달간 살아도 봤다. 자유로운 떠돌이 신분으로 세계 여러 도시에 몸을 누이며 지내는 동안에는 원 없이 한풀이도 했다. 그때마다 작고 특별할 것도 딱히 없는 나의 동네가 계속 떠오를 게 뭐람. 떠나지 못해 환장할 것 같은 마음과 에너지를 모조리 다 써버린 것인지 지금은 딱히 어디를 가고 싶다는 생각도 잘 나지 않는다.

정말 알다가도 모를 일이다. '머물다가게'라는 이름 때문인가? 처음엔 이렇게까지 머무르려던 건 아니었는데, 어쩌다 보니 제대로 주저앉았다. 하지만 나쁘지 않다. 아니, 오히려 좋다. 평생을 머물러도 좋을 곳을 찾았고, 이곳에 다정한 사람들이 많이 산다는 것이 얼마나 큰 위안인지 모른다. 요즘 난 걸핏하면 사람들에게 우리 동네에 와서 살라고 권유한다.

오늘은 드디어 새시를 달았다. 통창과 이중창 유리는 금요일이나 토요일이 되어야 도착한다고 했는데, 새시틀과 문틀은 미리 작업하셨다. 오전에 그림책 수업을 듣고, 오후에 뒤늦게 공사 현장을 와 봤는데 벌써 메인 격자 창틀이 떡하니 붙어있었다. 칸을 더 쪼갰으면 쇠창살 같을 뻔했다고 농담하시는 리모델링 사장님께 다행이라며 정말 마음에 든다고 말씀드렸다.

두툼한 창살로 쪼개진 바깥 풍경을 안에서 바라보는데, 갑갑하게 느껴지는 것이 아니라 안온하게 느껴졌다. 창이 내 앞을 가로막는 것이 아니라 적절히 불필요한 것을 가려주는 것 같았다. 아니나 다를까 창문 앞을 지나는 전깃줄도 묘하게 창틀에 가려져서 깔끔해 보였다. 맞은편에 바로 보이는 원룸 빌라와도 조금 더 거리감이 느껴지기도 했다.

오늘 날씨가 갑자기 다시 쌀쌀해졌는데, 격자 창틀에 유리까지 채우니 그것만으로도 내부가 한결 따뜻해졌다. 오늘은 새로운 작업자분들이 오셨는데, 해가 지기 직전까지 남아 유리를 붙

이고 계시길래 따뜻한 음료수를 전해드리고 왔다. 완성된 격자창을 바라보는 것만으로 마음이 묵직하고 든든했다. 그동안은 스티로폼으로 막혀 볼 수 없었던 공간인데, 투명한 격자창을 달고 나니 공간이 더욱 특별하게 느껴졌다.

창틀과 문틀을 단 것만으로 휑했던 건물이 더욱 집다워진다는 것이 신기했다. 마치 프레임(frame)으로 집이라는 프레임이 씌워지는 것처럼. 어쩌면 내 눈에도 우리 동네에 어떤 프레임이 씌워진 것일지도 모른다. 따뜻하다는, 단란하다는, 소박하다는, 그래서 소중하다는 프레임. 그리고 이런 프레임 덕분에 내가 이곳에 계속 머무는 것일지도. 이 공간도 누군가에게 든든하고 따스한, 좋은 창이 되어주면 좋겠다.

격자 유리창을 붙이기 전에 창틀 아래로 떨어진 몇 개의 흑백 타일 조각을 주워 얼기설기 붙이며 이런저런 상상을 했다. 이 창문 앞에 옹기종기 모여 서로의 온기를 나누는 모습을. 길을 걷는 사람들이 창문을 들여다보며 기웃거릴 풍경을. 고요히 창밖을 바라보다 책 속에 귀 기울이는 시간을.

누군가는 우리 동네에 이사 오고 싶어지지 않을까? 그럼 나는 동네 친구가 또 생겨서 더 즐겁겠지. 좋아! 모든 것이 계획대로다. <u>흐흐.</u>

2024.3.20.

거참 균형 잡기 너무 어렵네

✦

요즘 나의 일상은 그 어느 때보다도 규칙적이다. 특별한 외부 업무도 없을뿐더러 매일 공사가 있어서 '집-공사장-책방-공사장-집' 루트를 계속 반복하고 있다. 나는 가끔 현장에 늦게 나갈 때도 있는데, 작업자분들은 아침 일찍 모이셔서 8시면 어김없이 일을 시작하신다.

어느덧 14일째 공사를 진행했다. 한 달의 절반 가까이 지난 것이다. 하루도 쉬지 않고 늦지도 않으시는 작업반장 리모델링 사장님을 뵈니 진심으로 감탄스러웠다. 오늘은 날씨가 또 갑자기 추웠다. 모든 유리를 창에 붙여놨으면 덜할 텐데, 추위 속에서 꼼짝없이 작업을 하셔야 했다.

엊그제는 얼음을 싸 들고 갔는데, 오늘은 보온병에 따뜻한 차를 타가지고 현장에 갔다. 오락가락한 날씨에 장단 맞추기가 어려웠다. 추위를 견디며 열심히 일하시는 분들을 뒤로하고 나는 잠깐 근처 카페에 다녀왔다. 오늘은 내가 알짱거릴 틈도 하나 없이 역대급으로 공사 현장이 복잡했기 때문이었다.

사진을 찍겠다고 잠깐씩 내부를 기웃거릴 때마다 목공팀의 한

숨 소리가 여기저기서 들려왔다. 집이 워낙 오래된 곳이라 그런지 수평과 수직이 잘 맞는 곳을 찾는 게 더 어렵다는 것이었다. 목공으로 집안의 균형을 바로잡아야 모양새가 잘 나오는데, 다들 골치 아파하셨다.

전체적으로 볼 때는 크게 눈에 띄지 않지만, 막상 제대로 해놓지 않으면 제일 이상해 보이는 것이 바로 균형이었다. 모든 리모델링 작업 과정에서 수평과 수직을 맞추는 일을 다들 신중히 하셨는데, 특히 목공팀이 가장 세밀하게 작업하셔야 했다. 미세한 간격 하나하나를 다 예민하게 신경 써서 맞추느라 정말 힘들어 보이셨다.

균형 잡기 어려운 건 타일 시공도 마찬가지였다. 오늘 1층과 2층 화장실과 현관 바닥 타일 시공을 했는데, 동시에 세 분이나 오셔서 함께 작업을 하셨다. 워낙 집의 구조가 비뚤어져서 작업하는 것이 매우 까다로워 보이셨다. 타일 작업자분들은 오늘 처음 뵀는데, 세밀한 작업을 어렵게 하시면서도 에너지가 넘치는 분들이었다.

붙이던 타일 작업은 마저 해야 한다며 점심도 늦게 드셨다. 하늘이 어둑해지기 직전까지 작업을 하셨는데, 모두 밝은 모습으로 일하셔서 덩달아 기분이 좋아졌다. 귀찮으실 법도 한데 내 질문에도 친절하게 다 설명해주셨다. 이토록 집의 속사정을 깊숙이 들여다보는 일이 앞으로 또 있을까.

타일을 기계로 잘라내고, 드라이픽스를 섞어 접착제를 만들고, 타일에 접착제를 두툼하게 발라 벽에 붙인 뒤 타일레벨러로 고정하는 것까지. 이 모든 과정이 내 눈에는 그저 신기해 보였다. 종일 좁은 화장실에 쭈그리고 앉아 집중해서 작업하시는 분들의 뒷모습을 보면서 왜 타일 시공이 어렵고 비싼 것인지 단숨에 이해됐다.

리모델링 과정을 지켜보며 인생의 이치를 참 많이도 깨닫는다. 세상에 쉬운 일은 없다는 것과 모든 일은 사람이 한다는 것. 보이는 것이 다가 아니라는 것과 누군가의 도움 없이는 잘 살 수 없다는 것. 속도보다 중요한 것은 방향이라는 것과 균형 잡힌 삶은 어렵고도 중요하다는 것.

나는 복잡한 공사 현장에서 잠시 비켜서서 멍하니 건물을 바라봤다. 문밖까지 삐져나온 여러 가지 공사 자재와 그 속에서 뚝딱뚝딱 들려오는 소리들. 손과 발을 바삐 움직이며 분주한 작업자분들의 얼굴들. 건물 꼭대기 위에 두둥실 떠오른 하얀 구름들. 그 앞에 나는 한없이 작아졌다.

이번 주엔 유난히 안부 전화가 많이 걸려왔다. 공사는 잘 진행하고 있는지, 이사는 언제쯤인지, 오픈은 언제 하는지, 건강은 잘 챙기고 있는지- 질문이 쏟아졌다. "나는 하는 것도 없는데 왜 이리 피곤한 걸까."라는 말을 반복했고, 그때마다 "신경 쓰느라 그렇지."라는 답이 돌아왔다.

규칙적인 삶을 살아보겠다고 연초에 열심히 요가를 하다가 관둬서 체력이 떨어진 건 줄만 알았는데, 매일 공사 현장을 들여다보며 신경 쓰는 것도 꽤 에너지가 들었나 보다. 균형 있게 사는 건 집의 수직과 수평을 맞추는 일만큼이나 어렵다. 그나마 매일 일기라도 쓰고 있어서 얼마나 다행인지.

매일 출근 전에 공사 현장에 들러 인사하시고, 퇴근한 뒤 다시 공사 현장에 와서 그날의 작업 결과를 체크하시는 아버지를 모시러 저녁에 아버지 회사로 향했다. 집으로 돌아와 식사 후 까무룩 잠들어 계신 모습을 보니 어쩐지 웃펐다. '그래 맞아. 균형 있는 삶이라고 해서 피곤하지 않은 건 아니구나. 그냥 균형 있게 피곤한 거였구나.'

어느덧 리모델링 공사의 절반이 끝나간다. 3월의 〈머물일기〉도 어느새 절반이 지났다. 남은 날도 지금보다 조금만 더 균형 있게 보낼 수 있기를. 내일은 오늘보다 조금만 더 따뜻하기를. 모두 아프지 않고 다치지 않고 끝까지 건강하시기를. 두 손을 모아 빌어본다.

2024.3.21.

끝날 듯 끝나지 않는

✦

 누가 그랬던가. 리모델링 비용은 처음 세운 예산의 두 배를 생각하면 된다고. 내가 처음 예상했던 리모델링 비용은 3천만 원이었다. 지금 돌아보니 그건 아주 허무맹랑한 숫자였다. 특히 주택 리모델링은 두 배가 아니라 그 이상이 족히 넘는 일이었다. 만약 누군가가 지금 오래된 집을 사서 고치겠다고 하면 나는 일단 뜯어말릴 거다. (물론 아주 돈이 많다면 예외겠지만.)

 안 되는 건 없다. 문제는 다 돈이 들어간다는 거다. 조금만 더 튼튼하고, 깔끔하고, 예쁘게 하고 싶으면 그만큼의 비용이 들어간다. 주택을 구매하는 비용과 세금, 대출 상환액까지만 생각했던 것은 아주 큰 오산이었다. 리모델링 + 인테리어 + 집기류 + 세금 + 추후 발생할 월 결제 서비스 요금까지 돈이 나갈 일은 끊임없다.

 이제 내가 가진 예산은 한계에 다다랐다. 지금 당장 장사를 시작하거나 다른 일을 하지 않는 한, 더 이상 자금이 나올 곳이 없다. 대출을 받는 데에도 한계가 있다. 이 와중에 예상치 못한 비용은 계속 또 발생하고 있다. 머리털이 다 빠지거나 모조리 새

하얗게 변할 것만 같다. 육신이 피곤한 건 어떻게든 견디겠는데, 머리에 쥐가 나니 못 견디게 괴롭다.

무엇을 위해 이렇게까지 한다고 했을까. 이제 와 나를 자책하고 후회하기에는 이미 너무 늦었다. 공사는 착착 진행되는데 통장 잔고는 점점 줄어가고, 또 한 번 고비가 왔다. 먼 훗날 이 위기를 잘 지나고 나면 웃으며 오늘의 일기를 볼지 모르겠지만, 지금은 내 앞에 오르지 못할 큰 벽이 가로막고 있는 것처럼 느껴진다.

내가 주택을 사서 서점을 이사하겠다고 이야기했을 때, 연세가 있으신 분들의 반응은 대개 비슷했다. '집에 돈이 많은가?', '외동인가?' 집에 돈이 많은 건 아니지만, 외동딸인 건 맞다. 나는 지금 부모님께 제대로 빨대를 꽂고 있다. 솔직히 말하면 아주 감사하면서도 한편으로는 너무 괴롭다. 물질의 빚과 마음의 빚을 동시에 지고 있어서다. 과연 책방을 확장해 이 커다란 빚을 모두 잘 감당해낼 수 있을지 자꾸만 자신이 없어진다.

한고비를 넘기면 또 다른 고비가 눈앞에 닥치고, 그 고비를 넘기면 더 큰 고비가 앞을 가로막는다. 이 와중에 눈치도 없이 시간은 잘도 흐른다. 리모델링 공사가 착착 빠르게 진행될수록 잔금을 치러야 한다는 부담감도 조금씩 더 가까이 다가온다. 이제 와 공사를 미룰 수도 멈출 수도 없는 노릇이다.

공사 과정이 희망으로만 가득한 건 아닐 거라고 예상했지만 절망감은 생각보다 너무 쓴맛이었다. 여기서 내가 무너져 버리면 아무것도 되지 않기 때문에 아무도 없는 곳에서 몰래 긴 한숨만 푹푹 내쉴 뿐이었다. 이토록 지난한 과정을 견디고 마침내 공간을 오픈하게 된다면 과연 그저 기쁘기만 할까.

나의 이러한 부정적인 사고는 놀랍도록 무서운 속도로 내 영혼을 잠식했다. '이런 날도 있는 거지.' 하고 그냥 넘기기엔 너무나 후회막심한 마음이 계속 들었다. 차마 꺼내고 싶지 않은 단어였는데, '후회'라는 단어가 온종일 머릿속에 떠다녔다. 모든 것은 내가 판단하고 결정한 일이라 원망할 곳도 없었다.

오늘은 끼니도 제대로 챙겨 먹지 못하고 외부 일정으로 계속 돌아다녔다. 그 와중에도 틈틈이 공사 현장에 들렀는데, 타일도 예쁘게 완성이 되고 목공도 거의 마무리가 되어 집이 깨끗해져 있었다. 복잡하게 늘어져 눈엣가시였던 전기선도 드디어 제거됐다. 오늘도 많은 분이 동시에 자기 자리에서 열심히 일하고 가셨다.

나는 돌아다니느라 충전도 제대로 못 해서 휴대폰이 두 번이나 방전됐다. 방전된 게 휴대폰인지 나인지도 모를 만큼 지친 하루였다. 집은 균형을 찾아가고 점점 꼴을 갖춰가는데, 나만 균형을 잃어가는 것 같아 두려웠다. 하지만 이 또한 지나가겠지. 지나고 나면 또 금방 괜찮아지겠지. 애써 나를 다독였다.

문득 작년에 심리 상담을 받을 때 훈련했던 인지행동치료의

'사고 기록지'가 떠올랐다. 먼저 내게 닥친 문제 상황을 적고, 그때 느낀 감정의 강도를 1~100으로 수치화해서 적는다. 경험상 이걸 수치화하는 과정에서부터 내 문제를 조금 더 객관화해서 볼 수 있게 된다. 그리고 부정적인 감정을 느끼기 전에 떠오른 자동적 사고를 적는다. 이러한 사고는 대개 합리적이지 못한 생각일 때가 많다.

만약 부정적인 사고 대신에 합리적으로 생각했다면 어땠을지를 적어보고, 그때의 결과도 상상해본다. 결국 인간의 행동에는 감정이 큰 영향을 미치고, 그 감정은 자동적 사고가 좌우하는 경우가 많다. 오늘의 일기를 이렇게 한탄만 하고 마침표를 찍는다면 아마 될 일도 안 되겠지.

그래, 죽기 아니면 까무러치기다! 끝날 듯 끝나지 않는 지긋지긋한 고비야. 네가 이기나 내가 이기나 어디 한 번 해보자. 다행히 내 판도라의 상자에 아직 희망이 남아있어.

2024.3.22.

뭐 괜찮은 거 같기도 하고

✦

　올해 들어 가장 역대급으로 감정이 요동치는 며칠이었다. 하루가 지날 때마다 너무 지쳐서 몸과 마음이 천근만근이었다. 행정적인 절차와 법에 대한 무지에서 온 실수, 건축 자재에 대한 소통의 오류로 인한 돌이킬 수 없는 결과, 그리고 이에 따른 예상치 못한 비용의 발생까지. 쓰리 콤보였다.

　내가 매입한 건물은 단독주택이다. 이 건물에서 장사하기 위해서는 '용도변경'이란 걸 해야 한다. 쉽게 말해 건축물의 용도를 거주 목적이 아닌 다른 목적으로 변경하는 것이다. 하위 시설군인 주거업무 시설군에서 상위 시설군인 근린생활 시설군으로 바꾸는 것이기 때문에 '신고'가 아니라 '허가' 절차가 필요했다.

　이를 위해 건물의 잔금을 치르자마자 건축사사무소와 계약해 용도변경 절차를 진행했다. 내 경우에는 일반음식점으로 용도변경을 신청했기 때문에 정화조 공사가 필요했던 거였다. 용도변경에서 가장 중요한 것 중 또 하나는 바로 '위반 건축물' 여부였다. 허가나 신고 없이 만들어진 건축물이 있는 경우 건축물대장을 보면 노란 딱지로 표기되어 있다.

내가 매입한 건물의 건축물대장을 보니 1980년에 무단 증축이 있었다. 거리뷰로 과거 사진을 확인하니 대문을 들어서면 바로 보이는 바깥쪽 방과 화장실 사이에 위반 건축물로 보이는 건물이 보였다. 지금도 철거하고 남은 벽에 주방으로 사용했던 것 같은 흔적이 일부 남아있다. 이 위반 건축물은 2020년에 철거하면서 위반 건축물이 해제됐다. 즉, 이제는 아무 문제가 없는 건물이었던 거다.

그동안 위반 건축물로 신고를 당하거나 강제 이행금을 낸 적도 없었다고 했다. 심지어 매매 전에 구청 건축과에서 오셔서 두 번이나 확인하고 문제가 없다고 하셨다고 해서 건물 매입을 진행했었다. 하지만 다들 좀 애매하다고 찝찝해하신 공간이 있었는데, 바로 부엌과 다락 사이에 연결된 보일러실이었다.

엄연히 지붕과 벽, 창문이 있었고, 바깥 마당에서 출입할 수 있는 문도 있었다. 다만 조금 허술한 나무 프레임과 슬레이트 지붕이 조금 거슬렸었다. 건축사님과 용도변경 절차 과정으로 현장을 확인하러 오신 공무원분도 조금 찝찝하니 지붕을 철거하는 것이 좋겠다고 하셨다. 그래서 우리는 바로 지붕 철거 공사를 진행하고, 조금 더 튼튼한 샌드위치 패널과 철재 프레임으로 지붕을 새로 고쳤다.

하지만 이 결정은 며칠 후에 대폭풍을 불어왔다. 구청 건축과에서 보일러실 지붕의 철거 사진을 요구했고, 나는 당당하게 허술한 슬레이트 지붕을 철거한 사진을 드렸다. 며칠 후 무사히 용도변경 허가가 떨어졌다는 연락을 받았다. 우리는 건축사님께 옛날 지붕을 철거하고 새롭게 공사했다는 소식을 전했다. 그 이야기를 들으신 건축사님은 난리가 나셨다.

알고 보니 용도변경을 하기 위해서 '위반 건축물'로 의심되는 창고의 지붕을 철거하라는 뜻이었던 거다. 용도변경 절차가 마무리되려면 준공 검사를 받아야 하는데, 철거한 지붕이 도로 씌워져 있으면 도루묵이라는 것이었다. 나는 좌절했다. 애써 돈을 들여 철거하고 다시 튼튼하게 공사를 해뒀는데, 준공 검사를 통과하려면 다시 또 철거해야 하는 상황이 된 거였다.

너무 화가 났다. 진작에 이 공간이 확실히 위반 건축물이라는 걸 정확히 알았다면 이렇게 일을 진행하지 않았을 텐데, 돈이 이중삼중으로 나가게 된 상황이 억울했다. 나는 구청에 직접 전화해 따져 묻고 싶었다. 그런데 건축사님이 말리셨다. 이미 일이 이렇게 됐으니 또다시 철거하기가 어렵다면 증축 신고를 하는 것이 대안이었다.

문제는 증축 신고를 하는 데에는 또 400~500만 원 가까운 예산이 든다는 것이었다. 안 그래도 점점 부족해지는 자금에 예민해져 있었는데, 너무 날벼락 같은 말이었다. 나는 정말 억울함과 분노를 누르지 못하고 길길이 날뛰었다. 하지만 이런다고 해서 바꿀 수 있는 건 아무것도 없었다.

이런 와중에도 공사는 착착 잘 진행되고 있었다. 그런데 엎친데 덮친 격으로 내가 예상한 그림과는 너무 다른 새시 시공 결과에 뜨악했다. 알고 보니 이 역시 소통의 오류로 인한 것이었다. 나는 알루미늄 새시를 상상하며 통창을 만들어 달라고 한 것이었는데, 단창으로 된 플라스틱 새시가 시공된 것이었다. 그래서 겉면만 검은색이고 내부는 하얗게 보이는 새시가 영 눈엣가시처럼 거슬려 보였다.

게다가 자리를 비운 사이에 1층의 외관 방화문이 설치됐는데, 내가 생각했던 다크 그린 색이 아니라 옥상 방수페인트 색깔 같은 쨍한 녹색 문이 시공돼 있었다. 거기에 화장실까지 선

택하지 않은 기물로 잘못 시공돼 있기도 했다. 힘든 일은 한 번에 일어난다는 진리는 도대체 왜 변하지 않는 건지 원망스러웠다. 결국 아버지와 나는 폭발했고, 어머니는 우리를 진정시키려 애쓰셨다.

스트레스에 강한 편이신 어머니는 돌이킬 수 없는 상황이 닥쳤을 때 생각을 빨리 전환하시는 편이다. 주말 동안 화로 가득 찬 나와 아버지를 달래고 설득하느라 진을 빼고 고생하셨다. 결국 어머니의 끈질긴 멘탈 케어로 우리는 마음을 바꿔 먹었다.

용도변경은 위반 건축물을 찜찜하게 쓰느니 합법적으로 돈을 내고 땅을 더 샀다고 생각하기로 했다. 새시 색깔도 흑백 모자이크 타일과 나름 잘 어우러졌다고 생각하니 그런대로 괜찮아 보였다. 화장실 기물은 타일 업체의 주문 오류 실수로 인한 것이어서 다시 교체해주시기로 했고, 1층의 방화문 색상도 내가 원했던 색상을 다시 조색해 도장을 새로 해주시기로 했다.

하나씩 일이 해결되고 마음을 돌이켜서 겨우 평안을 다시 찾았다. 세상에서 가장 어려운 일은 뭐니 뭐니 해도 내 마음을 다스리는 일. 이렇게 인생을 또 배워간다.

2024.3.25.

아무렴 꿈보다 해몽이지

✦

격정의 주말을 보내고, 월요일 아침을 맞이했다. 불난 마음을 식혀주는 듯 비가 주룩주룩 내렸다. 참 요상하고도 생생한 꿈 때문에 이른 아침 눈이 떠졌다. 어딘지는 모르겠지만 책상이 가득한 어느 강의실에서 수업을 받는 중이었는데, 저 멀리 바닥에 황금빛 노란 지렁이가 기어가는 게 보였다.

나는 지렁이를 굉장히 징그러워하는데 사람들이 발견하면 수업 시간에 난리가 날 것 같아서 지렁이를 내 손으로 잡으려 했다. 그런데 별안간 지렁이가 사라졌다. 눈에 보이지 않길래 신경을 끄고 다시 수업을 들으려는데, 옆 분단에 있는 사람의 책상 위로 지렁이가 기어가고 있는 게 보였다.

나는 다급하게 그분께 조용히 이 사실을 말해주려 했다. 그런데 갑자기 지렁이가 눈치를 챈 듯 날아오르기 시작했다. 붕붕 포물선을 그리며 사람들의 팔뚝 위를 날아다니는 지렁이를 보고 나는 너무 황당해서 얼음이 됐다. 그런데 아무도 그 지렁이를 발견하지 못하고 모두 수업에만 집중하고 있었.

그 사이 또 지렁이가 사라졌다. 나는 정신을 차리고 다시 수업을 들었다. 그런데 갑자기 등이 너무 간지러웠다. 간지러움을 참을 수 없어서 그 자리에서 웃옷을 벗었다. 그리고 등을 살폈는데, 그 황금빛 지렁이가 몸이 1m나 길어져서 등짝 맨살에 용 문신을 박은 것처럼 찰싹 붙어있었다.

나는 기겁하며 잠에서 깼다. 다행히 꿈이었는데 그 이미지가 너무 생생해서 비몽사몽에 해몽을 찾아봤다. 알고 보니 황금 지렁이는 예상치 못한 재물이나 행운이 찾아온다는 의미이고, 지렁이 한 마리가 몸에 붙어있는 건 운이 좋아지고 재물과 명예가 들어오는 꿈이라고 했다.

그 해몽을 알고 나니 배시시 웃음이 났다. 실제 얻은 행운은 아직 없는데도 기분이 좋아졌다. 지난 며칠 간의 스트레스가 민망해질 정도로. 내가 참 단순한 인간이란 생각이 들어 웃음이 났다. 갑자기 몇 달 전에 똥 꿈을 꾸고 샀던 복권에서 천 원짜리 3장이 당첨된 것이 기억났다. 나는 그 복권을 들고 복권 판매점으로 향했다.

당첨된 복권 3장을 다시 새로운 복권 3장으로 바꾸어 그 자리에서 긁었다. 그랬더니 한 장에서 또 천 원이 당첨됐다. 그걸로 다시 복권 한 장을 바꿨는데, 또 천 원이 당첨됐다. 조금 민망했지만 기뻐하며 다시 천 원짜리 복권으로 교환했다. 복권을 판매하시는 아주머니는 "뭐라도 되면 좋지."라고 하셨다.

그 모습을 지켜보던 어떤 아저씨께서 빵 터진 얼굴로 내게 말씀하셨다. "이번엔 만 원 되겠네." 나는 대답했다. "네! 이번엔 만 원이 꼭 되면 좋겠어요." 마지막으로 신나게 긁은 복권은 꽝이었다. 나는 챙겨온 만 원짜리 한 장으로 로또를 2장 사서 돌아왔다. 오늘부터 시작되는 일주일 내내 이 복권으로 기분이 아주 째질 예정이다.

오늘은 공사 현장에 잠깐 들렀다가 오정동에 가서 현관문에 달 주물 손잡이를 샀다. 마침 마음에 딱 든 손잡이가 있었다. 크기와 길이도 적당하고 모양새도 문과 잘 어울릴 것 같았다. 재고가 없는 줄 알았다가 창고에 한 개가 더 있다고 해서 전시되어 있던 손잡이까지 꺼내 두 개를 사 왔다.

점심을 먹고 커피 연습도 잠깐 하고, 다시 공사 현장에 갔더니 목공 필름 작업이 한창이었다. 진짜 나무를 뚝 잘라낸 것처럼 리얼한 나무 필름이 하나씩 틀을 채우니 한층 무게감 있고 따스한 느낌이 났다. 게다가 비 내리는 풍경을 집 안에서 보는데 썰렁한 기온인데도 너무 아늑했다.

벌써 리모델링 공사는 2/3나 완성됐다. 주말에 하루도 쉬지 않고 나와서 계속 일해주신 분들께 감사하면서도 죄송했다. 리모델링 사장님은 얼른 장사를 시작해 빨리 돈을 벌라고 하셨다. 엊그제까지만 해도 돈 걱정에 머리에 쥐가 났는데, 오늘은 어쩐지 근거 없는 자신감이 드는 기분이었다.

해몽을 몰랐다면 꿈에 징그러운 지렁이가 나와서 찜찜하다고 여기고 말았을 하루일 텐데, 그 꿈 하나로 이렇게 기분이 황금처럼 반짝이게 될 줄 누가 알았을까. 재물과 행운이 실제로 찾아오지 않더라도, 가라앉았던 기분이 종일 붕붕 떠다녀서 좋았다. 포물선을 그리며 자유로이 날아다니던 황금 지렁이처럼.

저녁에 다시 모카포트 커피 연습을 했는데, 새로 산 모카포트에서 내린 커피가 원래 사용하던 것에 비해 영 맛이 별로였다. 똑같은 원두로 똑같은 조건에서 비교해 봤는데도 마찬가지였다. 모카포트는 정말 오래 쓰면 쓸수록 길이 들어 더 커피 맛이 좋아지는 기계라는 말이 맞았다. 새로 산 모카포트에서 맛있는 커피 맛을 내려면 더 오랜 시간 불에 태우고 길들여야 하는 거였다.

불길을 온몸으로 맞으며 활활 타오르는 모카포트를 바라보며 '나는 아직 멀었구나.' 하는 생각이 들었다. 인생의 쓴맛을 얼마나 더 맛봐야 멋진 어른이 되는 건지 모르겠다. 이 나이쯤 되면 저절로 어른이 되는 건 줄만 알았는데. 새로 산 모카포트가 길이 들어 맛있어질 때쯤엔 나도 더 맛깔나는 사람이 되면 좋겠다.

2024.3.26.

바람 잘 날 없는 하루

✦

　하루 사이에 달라진 기분을 고스란히 담은 일기를 다시 읽으며 글 속에서도 느껴지는 기분의 온도 차에 민망했다. '이렇게 일희일비하는 일상이라니. 너무 별론데?'라는 생각도 잠시, 오늘 아침부터 또 일이 터졌다. 마당에 정화조를 묻고 다시 미장을 했었는데, 마감이 매끄럽게 안 되어서인지 미장 마감 라인을 따라 물이 다른 길로 샌 것이다.

　배수구로 흘러야 하는 물이 엉뚱하게 수도계량기 쪽으로 향해서 비가 내린 아침에 수도 계량기에 물이 가득 차고 말았다. 아침 일찍 이를 발견한 리모델링 사장님과 도배 작업을 하러 와주신 사장님께서 물을 퍼내느라 고생하셨다. '이제는 괜찮겠지.' 하고 돌아서면 곧바로 일이 터지니 정말 일희일비하지 않기가 어렵다.

　그나마 조금 나아진 게 있다면 감정 변화의 폭이 널을 뛰지는 않는다는 것. 침착하게 건축사님께 연락을 드려 정화조 업체에 조치를 취해 달라고 요청했다. 그리고 잠깐 자리를 비웠다가 오후에 다시 와보니 수도계량기 주변에 새로 미장이 되어 있었다.

얼마 전에 잘못 설치한 화장실 휴지 케이스와 세면대도 다시 시공되어 있었다. 그런데 자세히 살펴보니 주문했던 모양과 미묘하게 달랐다.

업체에 사진을 보내고 다시 확인해보니 또 잘못 배송된 것이었다. 하필이면 화장실 기물 설치를 할 때만 계속 자리를 비운 바람에 또 시공이 다 끝난 후에 확인하게 됐다. 업체에서는 거듭 사과했는데, 딱히 보기에 이상하지 않은 것 같고, 원래 골랐던 것보다 더 비싸고 좋은 제품이라길래 그냥 쓰기로 했다. 따지는 데 사용할 에너지도 이미 고갈된 상태였다.

그리고 솔직히 말하자면 나는 세면대가 잘못 시공된 것을 처음에 눈치채지 못했다. 이상한 걸 바로 눈치채신 건 아버지였다. 세면대의 아랫부분 모양만 조금 달랐던 건데 아버지는 대충 찍은 사진을 보고도 크기와 모양이 다른 제품이란 걸 바로 알아보셨다.

0.01㎜를 가지고 싸우는 귀금속 디자이너이신 아버지의 예민함과 세밀함은 감히 이길 수가 없었다. 아버지는 계속 내가 미처 발견하지 못한 미묘한 마감처리나 시공의 하자 부분을 잘 찾아내셨다. 숲만 보는 나와 달리 아버지는 나뭇잎의 잎맥까지 보시는 분이었다.

세세한 부분을 놓치지 않고 잘 발견하는 건 유리공예 작가님도 마찬가지였다. 오늘 오후에 유리공예 작가님이 스테인드글라스를 붙일 창의 사이즈를 실측하러 오셨는데, 필름 마감이 제대로 안 된 부분까지 꼼꼼하게 살펴봐 주신 덕분에 몇 군데를 발견했다. 예민하고 조심스러운 유리를 다루는 작가님의 매의 눈도 아버지 못지않았다.

내일부터 본격적으로 시작하는 도배 시공 전에 먼저 밑 작업을 하러 오신 도배 사장님도 아주 꼼꼼하신 분이었다. 도배지를 붙이는 작업은 여러 사람이 함께 작업하기 때문에 금방 끝나는데, 오히려 시간이 오래 걸리는 일은 밑 작업이라 하셨다. 도배 사장님은 리모델링 총괄 작업을 맡아주신 리모델링 사장님의 아내분이었다.

도배 벨트를 허리춤에 차고 연장을 능수능란하게 사용하며 작업하시는 모습이 너무 멋있어 보였다. 사장님은 하루 일찍 오셔서 귀찮은 밑 작업을 혼자 다 하셨다. 곰팡이 제거와 프라이머 작업까지 정성을 다해주시는 모습에 마음이 든든했다.

이것저것 궁금해하는 내게 차근차근 설명도 해주셨다. 무작정 함부로 벽지를 뜯으면 안 된다고 하셔서 허락된(?) 구역의 벽지만 조금 뜯어봤다. 생각보다 잘 뜯어지지 않아서 사장님이 갖고 계신 도구인 스크래퍼가 아주 탐났다. 일단 갖고 있던 커터칼이라도 사용하니 없는 것보단 수월했다.

나는 원래 무언가를 뜯는 걸 좋아하는데, 벽지를 뜯다 보니 차분하게 힐링 되어 기분이 좋았다. 언젠가 도배를 배워 보고 싶었어서 작업 과정이 더 궁금하기도 했다. 곁에서 수다를 떨며 함께 벽지를 뜯어준 친구가 왜 많은 기술 중에 도배를 배우고 싶었냐고 물었다. 곰곰이 생각해보니 시공 전과 후가 가장 눈에 띄게 달라지는 작업이기 때문인 것 같았다.

집의 가장 큰 면적을 차지하고 있는 것이 벽과 천장이고, 그래서 집의 분위기에 가장 큰 영향을 미치는 것이기도 하니까. 내 손으로 한 일이 큰 변화를 일으켰다는 성취감이 가장 큰 작업일 것 같았다. 더러웠던 벽이 깨끗하고 아름다워지는 마법을 일하는 내내 볼 수 있으니 얼마나 뿌듯할까.

게다가 옛이야기를 좋아하는 내게 겹겹이 쌓인 오래된 벽지를 마주하는 일은 여러 가지 상상을 자극하는 아주 재미난 일이었다. 네잎클로버 뒤엔 나뭇잎이, 그 뒤엔 장미가, 또 그 뒤엔 기하학적인 무늬가 새겨진 세상. 그 숨겨진 세계를 하나하나 들춰내며 먼 옛날의 유물을 발굴하는 재미.

옛이야기가 차곡차곡 쌓인 이곳에서 새로운 이야기를 쌓아갈 시간을 그리며 슬며시 웃음이 났던 하루였다. 벽지에 붙어있던 초록색 부직포 하트를 조심스레 떼어내며 고민했다. 이걸 어디에 붙여둘까?

2024.3.27.

행복으로 도배해 드립니다

✦

 리모델링 공사의 끝이 다가오고 있다. 리모델링 사장님은 3월 말까지 최대한 내부 공사를 다 마치기 위해 일정을 아주 타이트하게 잡으셨다. 연속으로 3주 동안 하루도 쉬지 않고 아침 일찍부터 일하시는 모습이 진심으로 존경스럽다. 나의 체력은 (뭘 했다고) 점점 바닥을 향해가고 있는데.

 이제 다음 달부터는 내가 해야 할 일이 훨씬 많다. 게다가 3월 29일을 끝으로 머물다가게 시즌 1 영업 종료를 한다는 공지를 올리면서, 5월 중에 시즌 2를 오픈하겠다고 호언장담까지 한 상황. 큰일났다. 앞으로 해야 할 일을 차근차근 계획하고 준비해야 할 때다.

 내부 인테리어를 위한 가구 배치뿐만 아니라 도시가스 연결, 인터넷과 CCTV 설치, 전기 증설 요금 납부, 사업자등록증 주소지 변경, 증축 신고 마무리와 준공 검사, 영업신고증 수령, 간판 설치 등 건축주 앞에는 크고 작은 봉우리가 줄지어 있다.

 오늘은 아침부터 계속 통화하다가 하루가 다 갔다. 도시가스를 다음 주 월요일에나 연결할 수 있어서 준공 청소가 4월 1일로 미뤄졌는데, 하필 인터넷과 CCTV 설치를 그날로 잡아서 모두 전화해 날짜를 미뤄야 했다. 또 내일 조명이 들어오는 날인데, 골라놨던 조명이 품절 되어 급히 조명가게와도 통화를 해야 했다.

사업자등록증 주소지 변경을 위해 홈택스에 들어갔다가 잘 안되어서 세무서와도 여러 번 통화했다. 오늘의 통화 기록을 보니 무려 15번이나 됐다. 별로 한 것도 없는 것 같은데 이상하게 지친 기분이 드는 데는 다 이유가 있었다. 휴대폰 배터리도 금세 닳았다. 쭉쭉 기가 빨리는 내 모습처럼.

오후에는 내가 섬기고 있는 김용주 목사님께서 공사 현장에 방문해 기도해주셨다. 목사님은 최근에 그리스와 튀르키예로 성지순례를 다녀오셨는데, 멋진 엽서에 말씀을 적은 편지를 내게 건네주셨다. 엽서에 담긴 곳은 튀르키예 에베소에 있는 '켈수스 도서관'이었는데 조명이 반짝이는 유적의 모습이 멋졌다.

나는 이 엽서를 머물다가게 시즌 2를 시작할 나의 건물 옆에 비추어 보았다. 좋은 책과 멋진 사람들이 많이 머무는 장소가 되길 바라는 마음으로. 그리고 목사님께서 적어주신 말씀을 조용히 되뇌었다.

"어떤 성이나 마을에 들어가든지 그중에 합당한 자를 찾아내어 너희가 떠나기까지 거기서 머물라." (마태복음 10:11)

목사님이 가시고 난 뒤에도 나는 도배하는 작업 현장을 계속 지켜봤다. 새로 산 그라인더로 처음 원두를 갈아서 내린 커피도 가져갔다. 오전 6시부터 나와서 준비하고 도배를 바로 시작했다는 도배팀은 벌써 8시간 동안 일을 하셨는데도 다들 파이팅이 넘치셨다. 커피도 너무 맛있게 드셔서 기뻤다.

 가장 기대했던 도배는 역시나 기대를 저버리지 않았다. 오전에는 내내 초배 작업을 하셨다. 혹시라도 곰팡이가 생기지 않도록 밑 작업을 꼼꼼하게 해주시느라 오후가 되어서야 도배지를 붙이기 시작했다. 어머니와 함께 고심하며 고른 벽지가 착착 벽에 채워지는 순간을 지켜보며 아주 짜릿했다.

 꽤 넓은 양인데, 하루 안에 도배를 끝내실 수 있다고 해서 놀랐다. 네 분의 작업자분들이 손발을 맞춰가며 동시에 작업하시는 모습은 그야말로 어벤져스 같았다. 풀이 자동으로 착착 발라지는 도배 기계도 신기했다. 방이 한 칸씩 완성될 때마다 계속 감탄했다. 상상했던 모습이 눈앞에서 실현되는 걸 보니 신이 났다.

 하루 안에 끝낸다고 하신 건 정말 24시간을 말씀하셨던 걸까. 도배팀은 지금껏 공사했던 날 중에 가장 늦은 저녁 8시 반까지 작업을 꽉 채워서 하셨다. 해가 지고 캄캄해졌는데도 조명등을 켜두고 끝까지 마무리를 해주셨다. 퇴근하고 돌아오신 부모님과 나는 괜히 죄송한 마음에 그 모습을 끝까지 함께 지켜봤다.

지나가는 이웃분들도 집을 예쁘게 잘 고쳤다며 한 마디씩 해주셨고, 깨끗하게 벽지를 두른 공간을 보며 기대에 부푼 동네 학생들의 목소리도 들려왔다. 그야말로 환골탈태였다. 퀴퀴했던 옛 모습이 기억나지 않을 만큼. 1층에 복작복작 모여 늦은 밤까지 마무리 작업을 하시는 어벤져스 도배팀을 바라보며 아까 받은 엽서의 '켈수스 도서관' 이미지가 다시 떠올랐다.

밤마다 이곳에서 복작거리며 이야기꽃을 피우고, 자기만의 것을 창작하는 이들의 모습이 상상됐다. 늦은 밤까지 불 켜진 1층 '머물곳'의 모습을 그려보며 내일 달게 될 조명도 기대됐다. 그런데 아뿔싸! (보는 눈은 있어 가지고) 조명 예산을 두 배나 넘겨버렸다는데 이를 어쩐다.

2024.3.28.

그냥 내 손을 잡아

✦

　원래 조명을 달기로 했던 오늘, 아침부터 비가 너무 많이 내린 데다 몇 개의 조명이 미처 다 도착하지 못해서 조명 공사가 토요일로 미뤄졌다. 우리가 책자를 보고 고른 조명이 혹시나 너무 크거나 이상하면 어쩌나 괜히 걱정되어 오전에 현장에 나가서 치수를 재며 다시 한번 체크했다.

　눈으로 제대로 확인하지 못하고 주문을 해서 걱정됐지만, 다행히 조명은 달기 전에 아니다 싶으면 환불이 가능하다고 해서 마음을 좀 내려놓았다. 인테리어의 꽃은 조명이라고 익히 들어와서 조명은 가장 신경 쓰이는 것 중 하나였다. 공사가 잠시 미뤄진 덕에 걱정도 잠시 미뤄둘 수 있었다.

　대신 오늘은 바닥 퍼티 작업이 먼저 진행됐다. 공간 내부 바닥에 크랙이 난 곳을 꼼꼼하게 메꾸고 보수해주셨다. 그래서 오늘은 요리조리 퍼티 작업을 한 부위를 피해 다니며 바닥을 밟아야 했다. 또 바깥에 있는 마당의 바닥을 일부 깎고 다듬어서 물매도 다시 잡아 주셨다. 지저분했던 라인이 훨씬 깔끔해졌다.

비가 오는 바람에 어젯밤까지 붙여놨던 벽지는 아직 일부가 덜 밀착되어 있었다. 그래도 밝은 곳에서 벽지를 깨끗하게 다 바른 모습을 보니 아주 흡족하게 마음에 들었다. 이제 정말 조명과 가구만 잘 들어오면 내가 상상한 그림대로 완벽하게 잘 어울릴 것 같았다.

점심때 집으로 돌아와 잠깐 커피 연습을 했다. 4컵과 6컵 모카포트로 커피를 내리고, 자그마한 2컵 모카포트로도 커피를 내렸다. 화구의 크기가 좀 커서 스테인리스 받침대를 올려놓고 그 위에 모카포트를 올렸는데, 맙소사! 받침대가 빨갛게 달궈지면서 불이 붙어 손잡이가 녹아서 똑 떨어져 버렸다. 너무 황당하고 놀랐다. 황급히 불을 끄고 식혔는데 얼마 사용하지도 않은 모카포트가 망가져서 속상했다. 그리고 이때는 알지 못했다. 이것이 오늘의 크나큰 복선이라는 것을…

오후에 다시 현장을 가보니 전기 콘센트와 스위치 커버가 씌워져 있었다. 그리고 한전에 전화를 걸어 이제는 사용하지 않는 전기계량기의 철거 신청도 했다. 집주인이 직접 해야 한다고 해서 내가 전화를 걸었는데, 소통이 잘 안 되는 것 같으니 옆에 계시던 전기 업체 사장님께서 도움을 주셨다.

그 사이 목문도 설치가 다 됐다. 1층 화장실 문은 남색으로 포인트를 주고, 2층의 주방과 창고 사이 문과 창고에서 다락방에 올라가는 문은 다크 그린 색으로 했다. 내가 1층 방화문에 하고 싶었던 바로 그 색이어서 딱 마음에 들었는데, 타공 때문에 유리가 많이 들어간 바람에 너무 값비싼 문이라는 얘기를 듣고 조금 후회가 됐다.

세상 예쁘고 마음에 들었지만, 나 혼자만 드나드는 창고와 다락방에서 쓰기에는 투머치라는 생각이 들었다. 하지만 이미 지난 일. 홀로 왔다 갔다 할 때마다 만족하고 기뻐해야지 뭐 별수가 없었다. 대망의 2층 현관 목문도 드디어 설치됐다. 생각보다 거대한 크기여서 놀랐다.

하지만 색깔과 모양이 생각한 대로 잘 나와서 아주 근사하고 마음에 들었다. 설치를 마저 하는 중이셔서 잠깐 1층에 내려갔는데, 리모델링 사장님과 설치 기사님이 옥신각신하시는 소리가 들려왔다. 나는 무슨 일인가 싶어 2층으로 올라가 봤다. 알고 보니 목문에 다는 손잡이 때문이었다.

설치 기사님은 번호키 잠금과 손잡이가 함께 달린 도어락을 가져오셨다. 하지만 원래 주문했던 것은 별도의 주물 손잡이를 다는 거여서 손잡이형 도어락은 필요가 없었다. 문제는 이미 목문에 동그랗게 손잡이를 달 구멍이 타공됐다는 거였다. 그것도 무려 120만 원이나 하는 문짝에 말이다. 결국 애써 골라온 주물 손잡이는 달 곳이 애매해지고 말았다.

나는 앞이 캄캄했다. 아까 모카포트 손잡이가 녹아내리던 순간이 오버랩됐다. 알고 보니 내가 주물 손잡이 위에 나중에 KT

텔레캅 보안장치를 달기 위해 번호키라고 적어서 메모한 것이 화근이었다. 그것이 도어락을 달아달라는 것으로 오해되어 떡하니 목문에 타공이 된 것이었다.

 모두가 억울한 상황이었지만 나는 특히나 더 억울했다. 신나게 주물 손잡이를 구했다는 기쁨도 사라졌고, 상상했던 현관문의 그림도 무너져내렸다. 결국 설치 기사님은 대안을 제시해주셨다. 앤틱한 주물 모양의 다른 레버형 손잡이를 구해서 바꿔 달고 그 위에 보안장치를 달라는 것이었다. 거대하고 웅장한 문에 비해 너무 작은 손잡이가 달리면 볼품없을 것 같아서 걱정되긴 했지만 딱히 다른 대안이 없었다. 결국 그 의견을 수용하기로 했다.

 씁쓸한 표정으로 돌아서서 대문을 걸어 나왔는데 비가 그친 뒤 불타는 노을이 눈앞에 펼쳐졌다. 이 와중에 잇몸 괴사로 이가 욱신거리고 아픈 데다 귀 옆에는 왕 뾰루지까지 생겨 더욱 고통스러웠다. 하루하루가 정말 이벤트 천국이다. 이 시간도 지나고 나면 그저 웃긴 에피소드가 될까. 부디 그랬으면 좋겠다.

2024.3.29.

책방으로 살아남기

안녕히 계세요~ 여러분!

✦

 3월 한 달간 우당탕탕 펼쳤던 리모델링 공사도 드디어 끝이 다가왔다. 특히 금요일과 토요일 이틀 동안 한 공사는 거의 일주일 치의 양이나 다름없었다. 리모델링 공사의 끝자락에 진행하는 바닥 공사와 페인트 공사, 조명 공사가 모두 동시에 이뤄졌다. 거기에 주방과 책장도 들어오고, 옥상 난간 펜스 공사에 보일러 교체까지.

 16명의 작업자분이 동시에 분주히 움직이신 토요일에는 정말 역대급으로 정신이 없었다. 우려했던 조명도 공간과 꽤 잘 어우러지고, 주방과 책장도 기대 이상으로 예뻐서 한시름 놓았다. 동시에 16명에게 주문이 들어왔다는 생각으로 서둘러 시원한 카페라테도 만들어 갔다. 다들 점심도 못 드시고 일하고 계셨다.

 빵과 커피를 가져다드리니 다들 마다하지 않으시고 허겁지겁 드셨다. 그 모습을 보며 참 감사하면서도 죄송스러웠다. 이 와중에 나는 잇몸 치료를 위해 치과도 다녀오고, 원동 철공소 거리에 있는 카페에서 진행한 가수 이한철 콘서트도 보러 다녀왔다. 잇몸 치료와 마음 치료를 동시에 하고 나니 주말 사이에 기운이 조금 회복됐다.

이제부터는 정말 나의 할 일이 점점 더 많아진다. 다 차려진 밥상 위에 숟가락만 얹는 것 같은 기분을 지울 수 없지만, 감사함으로 시작하기로 했다. 좋은 꿈을 꾸고 샀던 로또는 아쉽게도 낙첨이었지만, 로또 당첨금 이상의 축복을 이미 받았다는 생각이 들어서 실망하지는 않았다.

세밀하고 꼼꼼하신 리모델링 사장님을 필두로 각자의 자리에서 최선을 다해 열심히 일해주신 수많은 작업자분들, 하나뿐인 딸내미의 일터를 위해 물심양면으로 도와주시는 부모님, 매일 나의 일기를 읽어주시고 응원과 용기를 보내주시는 구독자님들, 시끄러운 몇 주간을 꾹 참아주시고 공간의 번영을 빌어주시는 다정한 이웃들까지. 나는 정말 인복이 넘친다.

2024년 3월 29일을 끝으로 머물다가게 시즌 1의 영업을 정식으로 종료했다. 3월의 마지막 날, 준공 청소를 하루 앞당겨 일찍 와주신 덕분에 머물다가게의 짐을 미리 옮겨둘 수가 있었다. 5년 동안 머물면서 쌓인 짐이 왜 이리도 많은지.

그동안 덕지덕지 붙여두었던 포스터와 엽서를 하나씩 떼어내고, 잃어버렸던 물건도 다시 찾고, 사부작사부작 이삿짐을 싸면서 내내 기분이 묘했다. 머물다가게에 처음 오던 날이 자꾸만 생각났다. 아무것도 없는 텅 빈 가구에 하나씩 물건을 채우고, 썰렁한 벽에 하나둘 무언가를 붙이던 모습이 떠올랐다.

 5년의 시간이 빠르게 휘리릭 스쳐 갔다. 열심히 이삿짐을 싸는 중에 머물다가게를 처음 방문하신 손님들이 기웃거리시기도 했다. 깨알같이 대전 여행 코스도 안내해드리고, 시즌 2 공간으로 이사한다는 소식도 전했다. "더 잘 돼서 가시는 거죠?"라는 물음에 빠르게 대답은 못 했지만.

 이삿짐을 싸다가 점심때가 되어 부모님과 함께 머물다가게 바닥에 신문지를 깔고 앉아 중국집 음식을 배달시켜 먹었다. 짜장면과 짬뽕, 탕수육까지 얼마나 꿀맛이던지. 폭풍 흡입하고 우리는 다시 열심히 이삿짐을 싸고 날랐다. SUV 차량으로 여러 번 나눠가며 매장에 있던 짐을 새로운 공간으로 다 옮겼다.

 이제 몇 개의 가구와 주방에 있는 짐만 마저 정리하면 된다. 하루가 꼬박 걸렸다. 아침에 시작한 이사는 저녁이 다 되어 끝났다. 이렇게 빨리 이사를 할 수 있게 될 줄은 몰랐다. 리모델링부터 이사까지 모든 것이 3월 안에 다 끝난 일이라니 놀라웠다. 이제 4월부터는 차근차근 영업 준비를 하면 된다.

 이토록 많은 분의 도움과 응원을 잔뜩 받았으니 이제 내 몫을 잘 감당해야지. 기대에 잘 부응할 수 있도록 좋은 마음과 건강한 체력을 가지고 한 걸음씩 나아가야지. 이곳에 종일 따스한 공기가 머물 수 있도록 만들어야지. 새로운 이야기를 또 계속 쌓아가야지.

 마지막 공사를 하는 날에 까치가 여러 번 찾아왔다. 새로운 공간의 건물 주위를 몇 번씩이나 빙빙 날아다니고 지저귀며 자기 존재를 알렸다. 마치 "머물다가게 이사 가면 꼭 놀러 갈게요." 하고 약속하신 손님들의 목소리처럼 들렸다. 아주 반가운 손님들이 가득 찾아오실 것만 같다. 아이 신나라!

2024.4.1.

있었는데요 계속 있습니다

✦

 얄미운 벚꽃 개화 시기 때문에 벚꽃 축제 날짜를 잘못 잡은 지역이 많았다던 올해 봄. 꽃이 피지 않아서 어쩌나 하는 걱정도 잠시, 4월 1일이 되니 거짓말처럼 곳곳에서 벚꽃이 팝콘처럼 팡팡 터졌다. 뉴 머물다가게 앞 큰 도로에도 벚꽃이 활짝 피었다. 큰길 건너편에 있는 나의 초등학교 모교에도 벚꽃길이 펼쳐졌다.

 드디어 공식적인 리모델링 공사가 오늘로 끝났다. 마지막까지 여러 팀이 오셔서 공사를 마무리해주셨다. 보이지 않는 곳까지 꼼꼼히 페인트를 칠하고, 전기 배선 오류도 잡고, 잘못 달았던 조명도 교체해주셨다. 어제에 이어 오늘까지 준공 청소도 깨끗하게 해주셨다.

 오전부터 북적북적한 가운데 CNCITY에너지에서 방문해 도시가스도 연결했다. 드디어 주방 화구에서 불꽃이 나오고, 수도에서 따뜻한 물도 나왔다. 새것으로 교체한 보일러도 처음 틀어봤다. 한국전력에서도 나와 전기 증설을 확인하고 가셨다. 이제

영업을 시작할 수 있는 물리적인 준비가 거의 다 됐다.

모자란 금액을 대출받고, 처음 발행받아보는 백만 원짜리 자기앞수표를 봉투에 넣어 공사비 잔금을 치렀다. 리모델링 총 공사 비용은 7천만 원 이상으로 애초 예상보다 훨씬 더 많이 들었지만, 원하는 것을 모두 다 했고 그 결과도 아주 만족스러워서 전혀 아깝지 않았다. (미래의 나야, 상환을 잘 부탁해!)

작년에는 유독 안 좋은 일이 많이 일어났었다. 내 인생을 그래프로 그려본다면 2023년은 아주 힘겹게 바닥을 향해 내려갔던 해였다. 작년 여름에 내 인생의 두 번째 축농증 수술도 했었는데, 오늘은 드디어 최종적으로 수술 예후를 확인하는 날이기도 했다.

공사 현장에 있다가 중간에 잠시 병원을 다녀왔다. 수술한 지 8개월 만에 확인한 결과, 여전히 아주 깨끗하게 코가 뻥 뚫려있었다. 기다란 카메라를 콧속으로 넣어 내 상태를 실시간으로 확인하는데 기분이 후련했다. 마치 내 앞에 펼쳐진 앞길을 비춰주는 것처럼 통쾌했다.

병원에 다녀온 뒤 오후에는 마지막으로 공사하시는 분들에게 대접할 커피를 내리고, 시원한 얼음을 한 통 사서 현장에 도착했다. 그런데 내일쯤이나 작업해주실 줄 알았던 방범창이 깔끔하게 페인트칠을 입고 떡하니 창문에 달려있었다. 그걸 발견한 어머니와 나는 기뻐서 소리를 질렀다.

우리가 마음 졸이며 상상하고 기대했던 장면이 눈앞에 갑자기 나타나서 너무 놀랍고 행복했다. 철거공사를 시작하기 전날 아버지와 함께 힘겹게 미리 떼어냈던 방범창이 공사의 마지막 날 대미를 장식하듯이 걸린 것이다. 멋진 작품을 보는 듯했다. 옛날 집의 특징을 고스란히 담은 방범창이 다시 예쁘게 부활하니 집이 한층 더 멋스러웠다.

뉴 머물다가게의 콘셉트인 '친정집'이 비로소 완성되는 순간이었다. 초콜릿 모양의 진한 밤색 천장에 이제는 잘 나오지도 않는 촌스러운 느낌의 꽃무늬 벽지와 다이아몬드, 네모, 타원이 반복되는 모양의 방범창까지. 그야말로 80년대의 느낌이 물씬 나는 공간이 재탄생했다.

이렇게 완성된 모습을 본 건 불과 며칠이 안 됐지만 이상하게 하나도 어색하지 않고, 너무 익숙하고 편안했다. 아마도 우리 집과 인테리어가 비슷해서 그런 것 같다. 뉴 머물다가게의 풍경은 곧 나의 본가, 친정집, 고향집 같은 곳이기도 하다.

아무 말도 없이 찾아가도 언제든 따스히 환대해주는 곳. 조용히 머물러 있기만 해도 쉼이 되는 곳. 지치고 힘든 날에 가만히 끌어안아 주는 곳. 포근한 활자와 공기와 소리에 젖어 거칠었던 마음도 이내 평안해질 수 있는 곳. 누군가에게 이곳이 그런 장소가 되면 좋겠다.

저녁이 되어 퇴근하신 아버지와 강아지들과 함께 다시 한번 공사 현장을 방문했다. 마지막까지 놓쳤던 부분은 없는지 더 꼼꼼히 살폈다. 어머니도 이곳으로 바로 퇴근하셨다. 새집 냄새를 빼기 위해 잠깐 환기하는 동안, 온 가족이 마당에 모여 앉아 봄밤을 느꼈다.

저녁을 먹고 당근 거래를 위해 현장에 다시 또 갔다. 1층에 놓을 가구 하나를 당근에서 샀는데, 감사하게도 젊은 커플이 직접 가구를 가져다주셨다. 이사를 준비하고 있어서 인테리어에 관심이 많던 두 분은 우리 공간의 인테리어를 아주 마음에 들어 하셨다.

특히 2층의 나무 천장을 살린 것이 정말 예쁘다고 하셨는데, 수많은 반대를 무릅쓰고 꿋꿋하게 나무 천장을 지켜낸 것이 뿌듯해지는 순간이었다. 셋방에 살았던 분들이 쓰시던 수도도 기어코 자르지 않고 타일에 구멍을 내가며 살려뒀는데, 친구가 준 아이디어대로 그곳엔 나중에 수도꼭지를 붙여봐도 좋겠다.

옛 머물다가게에 있던 말린 장미 꽃병을 2층 테이블바 위에 올려두고 나왔다. 버리지 않고 그대로 둔 것들이 앞으로 어떻게 빛을 발하는지 지켜봐야겠다. 누군가의 기억 속에 오래 머물 수 있는 무엇이 된다면 더욱 좋겠다.

2024.4.2.

상상에 상상에 상상을 더해서

✦

 공식적인 리모델링 내부 공사가 끝나고 나니 공사 현장이 한갓졌다. 고속도로를 씽씽 달리다가 톨게이트를 지나 시내 도로로 막 들어섰을 때처럼 갑작스러운 감속이 어색해서일까. 아무도 없는 썰렁한 공간에 덩그러니 홀로 있으니 이상했다. 괜히 1층과 2층을 왔다 갔다 하며 새로워진 공간을 구석구석 살폈다.

 오후에 교체해야 할 주명 이야기를 나누기 위해 리모델링 사장님과 만났다. 사장님은 공사 현장을 꼼꼼하게 둘러보며 필요한 거나 보수해야 할 게 있으면 이야기하라고 하셨다. 나는 여기저기 공간을 살펴보며 궁금한 것을 여쭤보고, 필요한 것을 요청드렸다. 사장님은 내 말이 끝나기가 무섭게 곧장 달려 나가 문제를 해결해주셨다.

 오전에는 방화문이 너무 세게 닫혀서 속도를 조절해 주시고, 자꾸 데코타일이 뜨는 곳은 책으로 눌러놓고 난로를 틀어두셨다. 오후엔 환기를 위해 창고에 달린 방화문을 고정할 수 있게 해달라는 나의 요청에 문에 붙이는 말발굽을 사 오셔서 바로 달

아주시고, 창고 배수구에 넣을 작은 철망도 사다 주셨다.

 이제는 사장인 내가 다 책임져야 한다고, 꼼꼼하게 잘 살피고 집의 모든 것을 잘 익혀두라 말씀하셨다. 그동안 많은 분이 각자 맡으신 부분을 착착 알아서 작업해주셔서 소프트웨어만 내 일이라 생각했는데, 그게 아니었다. 공사가 끝난 뒤부터는 하드웨어 부분도 모두 내 책임이 되는 것이었다.

 리모델링 사장님이 발견하고 알려주신 가스레인지 후드에 붙은 비닐을 열심히 잡아 뜯었다. 앞으로 화구를 자주 써야 하는데 주방 천장이 낮아서 상부 장과 화구가 너무 가까워 혹여나 비닐이 탈까 염려됐다. 손으로 뜯다가 잘 안돼서 커터칼까지 가져와 남김없이 깔끔하게 제거했다.

 공간을 예쁘게 꾸미는 것도 중요하지만, 그보다 더 중요한 건 공간을 잘 관리하는 것이었다. 갑자기 어깨가 무거워졌져서 괜히 더 예민하게 집을 살펴야 할 것만 같았다. 나보다 훨씬 더 꼼꼼하고 세밀한 친구에게 도움을 요청해서 꽤 오랜 시간 함께 공간을 돌아보며 또다시 살폈다.

 친구는 역시 내가 미처 발견하지 못한 부분들을 콕콕 잘 집어내 주었다. 덕분에 그냥 지나쳤던 부분도 다 체크할 수 있었다. 마땅히 앉을 곳이 아직 없어서 우리는 함께 다락방에 올라가 앉아서도 이야기를 나누었고, 옥상에 올라가서도 햇볕을 쬐며 이야기를 나누었다.

옥상에 난간을 설치하니 확실히 안정적이었다. 전에 60㎝의 턱만 있었을 때는 오금이 저려서 끝부분으로 가까이 가지도 못했는데, 이제는 120㎝ 높이까지 난간이 생겨 더 이상 무섭지 않았다.

친구와 나는 초록초록한 방수페인트에 뒤덮인 널따란 옥상을 바라보면서 이런저런 이야기를 나누었다. 탁 트인 야외에서 함께 책을 읽는 '옥상 독서회'를 열거나 텐트를 설치하고 마운틴 뷰를 바라보며 '옥상 캠핑'을 하자는 이야기도 나눴다. 나지막한 옥상 벽에 그림을 전시해 근처 아이들과 강아지를 초대하는 '옥상 전시회'도 열면 좋겠다며 신나게 재잘거렸다.

난간을 설치하기 전에는 옥상이 너무 무섭고 혹여나 누가 다칠까 싶어 밧줄을 묶어 출입을 통제하려는 생각만 했었다. 하지만 든든한 난간이 생기고 나니 자유로운 아이디어가 넘쳤다. 아직은 모든 것이 상상 속에만 있는 풍경이지만, 곧 이루어질 날이 어서 오기를 바랐다.

저녁엔 주문했던 커피용품들이 한꺼번에 도착했다. 하나하나 언박싱을 하며 풀었는데, 집에도 둘 곳이 이제 마땅치 않았다. 어차피 남은 시간 동안 뉴 머물다가게에서 계속 연습도 해야 하고, 앞으로 물건 놓을 자리도 잡아야 해서 고스란히 도로 박스에 넣어 새로운 공간으로 가져갔다.

수요일에 비가 온다더니 저녁부터 벌써 빗방울이 떨어지기 시작했다. 목요일에는 주방 기기가 들어오기로 해서 그 전에 몇 가지 사이즈를 재봐야 할 것이 있었다. 가구와 각종 집기류의 사이즈 역시 상황에 맞게 미리 잘 체크해서 주문해야 했다. 나는 꾸깃꾸깃한 도면을 다시 펼쳐서 열심히 메모했다.

싸 들고 온 커피용품들도 상부 장에 차곡차곡 일단 넣어두었다. 이번 주 중엔 옛 머물다가게에서 이사하다 만 주방도 마저 정리해야 한다. 협소하고 찬물밖에 나오지 않던 곳에서도 5년 가까이 잘 지냈는데, 이제는 이토록 넓고 깨끗한 주방이 생기니 정말 감개무량했다.

주방을 정리하면서 모카포트로 보글보글 커피를 끓이고, 손님들에게 내어드리는 모습을 상상하다가 '사람이 너무 많아져서 컵이 부족하면 어쩌지?' 하고 행복한 고민을 하며 잠깐 김칫국을 마셨다. 그러다가 갑자기 또 부담감이 확 몰려와 단전에서 끌어 올린 한숨이 나오기도 했다.

새로운 공간 너무 좋아. 하지만 걱정돼. 그러나 행복해. 그렇지만 두려워. 그럼에도 불구하고 해야 해. 하루에도 몇 번씩 설렘과 두려움이 엎치락뒤치락 싸운다. 상상은 잠깐 멈추고, 일단 닥친 일부터 하나씩 해결해야 하는데. 가만있어 보자. 또 뭘 사야 하더라?

2024.4.3.

동네살이의 즐거움

✦

아침부터 비가 부슬부슬 내렸다. 원래 오늘 예정되어 있었던 인터넷과 CCTV 설치는 비가 오는 바람에 미뤄졌다. 대신 다락방 조명을 차가운 백색에서 따뜻한 주백색으로 바꾸는 작업을 하고, 어제 친구가 발견해준 몇 가지 보수 사항도 하나하나 다시 체크하며 리모델링 사장님께 전달 드렸다.

사장님이 비가 와서 바닥이 더러워질까 봐 신발을 벗고 다니시길래 집에서 얼른 슬리퍼 몇 개를 챙겨왔다. 신발을 벗어두고 슬리퍼를 갈아신고 공간에 들어서니 정말 매장이 아니라 집에 들어온 것 같은 기분이 들었다. 어차피 오픈하면 금방 오염되겠지만 시작하기 전까지는 깨끗하게 쓰자고 하신 말씀이 어쩐지 감동이었다.

농담 반 진담 반으로 남는 것도 없다며 보너스 좀 달라고 하시는 리모델링 사장님께 내가 드릴 수 있는 거라곤 커피 한 잔뿐이었다. 어제 가져다 둔 커피용품을 하나씩 꺼내어 새로운 공간에서 처음 커피를 내려봤다. 어제까지만 해도 진동했던 니스 냄

새가 다행히 다 빠지고, 커피 향기가 퍼졌다.

빗소리를 들으며 커피를 내리니 더 운치 있게 느껴졌다. 아직은 가구도 다 채워지지 않아서 썰렁하고 소리도 텅텅 울렸지만, 앞으로 내가 가장 오래 머물러야 하는 주방 싱크대는 벌써 물건들로 자리가 금방 찼다. 뉴 머물다가게의 주방을 어느 정도 정리한 뒤, 옛 머물다가게의 주방도 마저 정리하러 갔다.

그동안 한 평 남짓한 작은 주방에서도 복작거리며 참 잘 지내왔다. 조그마한 2단 선반과 싱크대 하부 장에 무슨 짐을 이렇게나 많이 넣어놨는지 박스와 장바구니가 한가득 찼다. 언젠가는 쓰겠지 싶어 남겨두었는데 결국 한 번도 꺼내 쓰지 않은 물건도 많았다. 앞으로는 제발 잘 버리고 비우며 살아야지.

낮에는 번개로 대동에 사는 작가님을 새로운 공간으로 초대했다. 함께 대동 주민분들이 운영하시는 식당 '쉼'에 가서 점심을 배불리 먹었다. 오며 가며 알게 된 주민분들을 뵈니 반가웠다. 옛 머물다가게 바로 옆에 있는 현이미용실 사장님도 만났다. 최근에 머리를 자르면서 머물다가게 이전 소식을 전하긴 했었는데, 막상 갑작스레 공간이 비워진 걸 보니 서운한 마음이 들었다고 하셨다.

식사를 마치고 단골인 대동의 로컬 빵집 '밀소리'에도 들러 디저트를 샀다. 밀소리 사장님께도 이사한다는 소식을 전해드렸는데, 멀리 가지 않으니 앞으로도 자주 오겠다고 약속했다. 바로 옆 동네인 자양동, 걸어서 5분 거리인 곳인데도 생활권이 조금 달라지는 것 같아 나도 괜히 아쉬운 마음이 들었다.

디저트를 들고 작가님과 함께 뉴 머물다가게로 와서 처음으로 즐기는 커피 타임을 가졌다. 화력이 너무 센 가스 불에 놀라 모카포트에 손가락도 데고 당황했지만, 함께 커피를 즐기는 시간이 참 좋았다. 중간에 동네 근처에 사는 내 초등학교 친구들도 회사 점심시간에 잠깐 들러 공간을 구경하고 갔다.

오며 가며 마음만 먹으면 금방 만날 수 있는 얼굴들. 동네에 함께 산다는 건 이렇게 참 즐거운 것이구나. 동네라는 뜻 속에 사람이 빠질 수 없고, '내 동네'가 아니라 '우리 동네'라고 하는 데에는 다 이유가 있겠지. 머물다가게도 이렇게 찾아오는 것만으로도 즐겁고 위로가 되는 '동네 책방'이 되면 좋겠다.

모두 떠나고 다시 홀로 남아 바리바리 싸 들고 온 주방 짐을 하나씩 풀었다. 옛 머물다가게에서 사용하던 집기류는 1층 머물곳에서 계속 쓰기 위해 잘 씻어서 정리해두었다. 내친김에 구석구석 돌아다니며 이곳에 놓을 가구를 그려보고, 필요한 물건들이 떠올라 인터넷으로 바로 주문도 했다.

이곳에 도란도란 모인 사람들이 함께 책을 읽고 이야기를 나누는 모습과 손을 꼼지락거리며 무언가 즐겁게 만드는 모습을 상상했다. 옛 머물다가게의 짐을 일단 1층 안쪽 방에 몽땅 몰아두었는데, 얼른 다 제자리를 찾아갔으면 좋겠다. 그러려면 먼저 가구들이 자리를 잡아야 했다.

해가 다 지고 캄캄한 비 내리는 저녁이었지만 우리 가족은 쉴 틈 없이 또 몇 개의 가구를 날랐다. 먼저, 가장 중요한 메인 서가 쪽에 감이 잘 안 잡히던 가구를 놓아보고 싶었다. 원래 이곳에 두려 했던 당근으로 산 테이블 위에 철거할 때 욕심이 나서 살려달라 했던 방문 문짝을 올려봤다.

내가 상상했던 모습보다 훨씬 근사하고 웅장했다. 마침 문짝의 길이가 200㎝ 가까이 되어서 6인용 테이블로 쓰기에도 손색이 없었다. 평소에는 이 위에 책을 진열해놓아도 공간이 비좁지 않을 것 같았다. 나무 천장과도 너무 잘 어우러지는 모습이어서 역시나 버리지 않길 잘했다는 생각이 들었다.

문제는 테이블을 만들기 위한 다리와 유리를 또 맞춰야 한다는 것. 그냥 테이블을 사는 것보다 오히려 비용이 더 많이 들어갈 수도 있는 일이다. 게다가 원래 이곳에 두려고 했던 테이블은 갈 곳을 잃고 말았다. 깊은 고민이 시작됐다. '리모델링'이라는 산을 지나자마자 '인테리어'라는 산이 나타난 거다. 그래도 어쩌겠나. 또 한 번 산을 넘어봐야지!

2024.4.4.

무지해서 무지 미안합니다

✦

비가 그친 목요일, 아침 일찍부터 늦은 밤까지 아주 정신없이 하루가 흘렀다. 현장에 가보니 대문에 달린 조명에 전기 연결이 계속 잘되지 않아서 전기팀이 다시 와계셨고, KT 인터넷과 TV 설치를 위해 기사님이 방문하셨다. 그리고 곧이어 주방 기기를 설치하시는 분까지 오셨다.

모두 전기와 전파에 관련된 것이어서 문외한인 나는 아버지께 도움 요청을 드렸다. 아버지는 오늘 하루 휴가를 쓰시고 아침부터 현장에서 함께 상황을 체크하며 지켜봐 주셨다. 주방 기기 설치는 큰 무리 없이 잘 진행됐다. 마침 전기팀이 옆에 계셔서 전기를 많이 쓰는 기계를 꽂아야 하는 콘센트의 위치도 잘 짚어 주셨다.

1층 주방에는 정수 필터를 달아 싱크대에서 바로 물을 따라 마실 수 있도록 수전을 설치했다. 별도로 정수기를 사거나 대여할 필요도 없고, 싱크대에 구멍을 뚫어 설치하니 자리 차지도 안 하고 간편해서 좋았다. 게다가 꽤 좋은 파라곤 정수 필터를 넣어주셔서 물맛도 아주 괜찮았다.

2층 주방에는 제빙기와 온수기를 설치했다. 커피 한 잔이라도 팔기 위해서는 최소한으로 갖춰야 하는 것들이었다. 제빙기는 처음에 얼음을 만드는 소리가 제법 커서 놀랐는데, 어느 정도 얼음이 차고 나니 소음이 사라졌다. 핫워터 디스펜서라고 불리는 온수기는 커피 마시기에 딱 좋은 온도로 설정해두니 훨씬 간편하고 좋았다.

완성된 결과는 너무나 만족스러웠지만, 설치 과정을 지켜보니 쉬운 일은 아니었다. 주방이 워낙 낮고 삐뚤어서 설치 기사님은 온몸을 바닥에 밀착시켜 고개를 숙이고 싱크대 아래에서 힘겹게 작업을 하셨다. 코드를 꼽기도 어려워 아버지까지 함께 선을 붙잡고 도와드려 겨우 설치를 완료했다. 뭐든 거저 되는 일이란 없었다.

주방에 한 자리를 듬직하게 차지하는 카페 기기들이 들어오니 제법 장사하는 곳처럼 보였다. 커다랗고 값비싼 커피머신 대신에 작은 커피 그라인더와 몇 개의 모카포트로 시작하는 작은 카페가 준비됐다. 처음 설치한 기기로 커피를 바로 만들어 현장에 계신 분들에게도 드렸다.

그런데 너무나 신기하게 늘 하던 대로 똑같이 내렸는데 카페에서 파는 커피 맛이 났다. 이게 바로 물맛의 효과인가?! 커피 교육을 받으며 들었던 이야기를 비로소 실감했다. 커피의 98%

는 물맛이라는 이야기가 정말 사실이었다. 맛 좋은 물을 마시고 신나게 커피를 내리는 와중에 인터넷 선 때문에 한 가지 문제가 발생했다.

1층에서 공간대여를 하기 위해 한쪽 방에 소파를 두고 빔프로젝터를 틀어 TV를 볼 수 있게 만들려는 계획이 있었다. 요즘은 다 인터넷 TV라고 하길래 무식자인 나는 와이파이 공유기만 있으면 TV가 연결되는 줄 알았다. 하지만 그것은 완벽한 오해였고, 무지의 대가는 가혹했다.

인터넷 선을 노출하지 않으려고 2층에서 1층까지 바닥을 뚫어가며 겨우 감추어 놨는데, TV 셋톱박스를 연결할 곳으로 선을 빼달라고 하지 않고 그냥 '아무데나' 빼달라고 말했던 것이다. (과거로 돌아가 내 입을 틀어막고 싶었다.) 그래서 선택된 아무 곳은 원래 계획했던 넓은 방이 아닌 좁은 방이었다.

계획대로 넓은 방에서 TV를 보기 위해서는 인터넷 선을 천장으로 그대로 노출해 굽이굽이 손에 손잡고 벽을 넘어서 가야만 했다. 그 꼴은 정말 상상하고 싶지도 않아서 나는 머리를 틀어박고 괴로워했다. 기사님께 잠깐만 생각할 시간을 달라고 말씀드린 뒤 빠르게 머리를 굴려 고민했다.

결국, 넓은 방에서 TV 보는 것은 포기하고, 그냥 더 작은 방에서 오손도손 모여 TV를 볼 수 있도록 만들기로 했다. 그래도 선이 문을 타고 반대쪽 면으로 가야 해서 어쩔 수 없이 일부는 노출이 되었는데, 집으로 돌아와 생각하니 그 모습도 자꾸만 괴로워서 결국은 벽면 위치를 아예 바꾸기로 했다.

이렇게 1층과 2층을 왔다 갔다 정신없이 오가는 동안 시간이 훌쩍 가서 어느새 점심때가 다 됐다. 그런데 전기팀에서는 여전히 대문에 달린 전선 연결이 잘 안 돼서 답을 못 찾고 계셨다. 고생하시는 모습이 안타까워 우리는 그냥 대문에 달린 조명은 포기하기로 했다. 어차피 밤에 맞은편 가로등이 훤히 비춰줘서 괜찮을 것 같았다.

대신에 1층 출입구에 센서 조명을 하나만 더 달 수 있는지 여쭤봤다. 그러나 이것 역시 결코 쉬운 작업이 아니었다. 천장에 작게 뚫린 매립등을 뜯어 천장 속에 손을 넣고, 전선을 찾아서 센서 조명을 달아야 하는 위치까지 새로운 선을 집어넣어 통과시켜야 했다. 작업하시는 모습을 지켜보는 내내 괜히 또 죄송스럽고 민망했다.

모든 설치와 보수를 완료하고, 오후에도 우리는 쉴 수 없었다. 점심도 차에서 빵으로 때우며 테이블 냉장고도 알아보고, 당근도 하고, 문짝 테이블과 나무 벤치를 만들 철제 다리를 구하기 위해 길을 나섰다. 일단 아는 바가 없으니 무작정 오정동의 공구 상가를 배회했다가 결국 친한 철공소 사장님께 도움을 요청하러 찾아갔다.

사장님은 철공소에서 주문 제작하는 것이 더 비싸다며 규격화

된 것을 판매하는 가구점에서 구매하는 것을 추천해주셨다. 사장님께서 알려주신 곳으로 가서 문의하니 우리가 찾던 바로 그런 철제 다리를 인터넷보다 훨씬 싸게 주문할 수 있었다. 마침 마음에 들고 편한 바체어도 발견해서 바로 구매했다.

  내친김에 돌아가는 길에 당근 거래도 하나 더 하고, 퇴근 시간이 되기 전에 주방 그릇을 파는 곳에 가서 샘플 컵도 사 왔다. 무식하면 손발이 고생한다는데, 그렇게 고생해서 발품을 팔아봐야 다음엔 무지에서 조금 벗어나게 되겠지. 하루하루 빛나는 내공이 쌓여가고 있다.

2024.4.5.

쓸고 닦고 만들고 즐기고

✦

 머물다가게 시즌 1을 정리하고, 시즌 2 오픈을 5월 중에 하겠다고 뱉어버리고 나니 시간이 괜히 더 빠르게 흐르는 것 같았다. 할 건 산더미인데 자꾸만 뭉그적거리게 되어서 일이 제대로 진척되지 않는 것 같고. 그러다가 뜻대로 되지 않는 일이 생기면 걷잡을 수 없는 후회가 몰려왔다.

 모든 책임을 어깨에 지고 나아가야 하는 한발 한발이 왜 이리도 무거운지. 하지만 이미 너무 많은 일을 벌여놔서 되감기도 할 수 없는 상황. 결국은 닥친 일들을 하나씩 해결하는 수밖에 없었다. 여전히 자신은 없지만, 시작한 이상 뭐라도 해야 했다.

 금요일에는 오후 내내 모카포트 길들이기 작업을 했다. 마치 마음 수련을 하듯이 새로운 모카포트 여러 개를 돌아가면서 서너 번씩 길들였다. 스무 번 가까이 연달아 작업을 하다 보니 어느새 금방 손에 익었다. 물론 속도가 아주 빨라지는 건 아니었지만.

 저녁에는 동네 친구네 가족을 초청해 커피 시음회를 했다. 서로 다른 원두를 내려서 비교해보고, 잔의 크기에 따라 커피의 양이 어느 정도가 적당한지도 살펴봤다. 가격은 얼마로 정하면 좋을지도 의논했다. 이 모든 것이 커피 한 잔을 팔기 위해 거쳐야 하는 과정이었다.

다음 날이 되니 모카포트를 여닫는 힘을 쓴 부위를 중심으로 팔에 알이 배겼다. 종일 설거지를 하니 어깨도 땅땅 뭉쳤다. 그래도 아침 일찍 몸을 일으켜야 했다. 우리 가족은 영업용 테이블 냉장고와 냉난방기를 살펴보러 다녔다.

역시 물건은 발품을 파는 만큼 합리적인 구매를 할 수 있었다. 특히 큰 금액의 물건은 인터넷으로 덜컥 구매하기가 찝찝했는데, 오프라인 상점을 돌아다녀 보길 잘했다는 생각이 백번 천번 들었다. 상담부터 설치, A/S까지 직접 얼굴을 보고 이야기를 듣고 하는 것이 제일 좋았다.

주말에는 잠시 서울에 다녀왔다. 마침 주문한 물건도 제작하고 배송하는 데에 시간이 걸리고, 마당에도 에폭시를 발라서 내부에 들어가지도 못하는 상황이었다. 내가 서울에서 머리도 식히고, 다른 공간에 방문해 벤치마킹도 하며 시간을 보내는 동안 부모님은 쉬지 않으셨다.

본가 창고에 두었던 내 짐을 거의 다 빼서 뉴 머물다가게로 옮겨두신 거다. 대전에 돌아와 보니 무겁고 묵직한 가구들이 어느새 공간의 한 부분을 차지하며 자리 잡고 있었다. 게다가 리모델링 사장님도 주말에 계속 방문하셔서 보수해야 할 것들을 또 손보고 가셨다고 했다.

부모님은 농담 반 진담 반으로 지금 제일 마음이 급하지 않고 여유 부리는 건 나라고 말씀하셨다. 틀린 말은 아니었다. 서두를수록 필요한 것이 많아지고, 사야 할 것도 많아지다 보니 괜히 더 신중해지고 조심스러웠다.

이제 조금씩 행정 업무와 사무 일도 해야 하는 시기가 다가와서 공사와 이사에만 매달릴 여유도 점점 줄어갔다. 몸이 여러 개면 좋겠다는 생각이 들었다. 성심껏 도와주시는 분들이 곁에 없었다면 과연 마무리될 수 있었을까 싶다.

서울에 다녀온 늦은 밤, 공간을 확인하러 갔다. 내가 없는 사이에 벌써 꽤 많은 가구와 물건이 공간을 채우고 있었다. 기대했던 대로 고스란히 구현된 부분도 있었고, 기대 이상으로 훨씬 잘 어울리는 부분도 있었다.

신기하게도 막연했던 장면이 조금씩 구체적으로 상상됐다. 가구가 들어오니 확실히 공간도 더 넓어지는 효과가 있었다. 심지어 문짝 테이블은 철제 다리도 아직 제작이 완성되지 않았는데 유리만 벌써 도착했다. 마침 당근에서 구한 철제 다리 하나가 있어서 방 한쪽에는 테이블 하나를 완성시켜 넣었다.

그 모습은 생각보다 아주 근사했다. 내가 없는 동안에도 열심히 공간을 쓸고 닦으시고, 필요한 것을 하나씩 만들고 계셨을 부모님의 모습을 떠올리니 죄송하고도 감사했다. 피곤하다 하시면서도 새롭게 바뀐 부분을 내게 보여주시며 벚꽃처럼 해사하게 웃으시는 모습에 나도 따라 웃음이 났다.

2024.4.8.

예산 삭감에 대처하는 우리의 자세

✦

 오늘은 모처럼 아무도 찾아올 일이 없는 날이었다. 덕분에 홀로 여유롭게 컴퓨터를 켜고 프로그램을 정리하며 시간을 보냈다. 프린터 설치는 3시간 동안 다섯 번이나 넘게 시도해 보았으나 결국 실패했다. 그냥 전문가의 힘을 빌리기로 했다. 내가 잘 할 수 없는 일에 에너지를 쏟고 스트레스를 받는 것만큼 비효율적인 일도 없다.

 오늘은 월요일답지 않게 전화도 별로 오지 않았다. 그래, 이런 날도 있어야지. 오히려 주말에는 선거 조사 전화가 계속 울려서 귀찮았었다. 나는 지난 금요일에 이미 사전투표를 마쳤다. 마침 뉴 머물다가게 바로 근처에 행정복지센터가 있어서 지나는 길에 들렀다.

 대전 동구 지역의 국회의원 후보는 기호 1번과 2번, 7번 총 세 명이었다. 투표용지가 금방 나온 데 비해 비례대표 정당은 투표용지가 끊임없이 나왔다. (투표용지 길이가 무려 51.7㎝였다.) 기호 3번부터 40번까지 어마어마했다. 종이가 너무 긴 나머지 여러 번 접어야 했다.

이번 제22대 국회의원 선거 사전투표율이 31.28%로 집계됐다고 한다. 역대 총선 중에 최고치라고 하니 과연 어떤 결과가 나올지 기대된다. 사실 그동안 정치에 적극적인 관심은 없던 내가 이번에 유독 더 관심을 기울이게 된 건 이기적이지만 당연하게도 나의 밥벌이와 관련된 문제 때문이었다.

지난해 가을, 2024년도 예산안에서 국민독서문화 증진 지원 예산 59억 8,500만 원이 전액 삭감됐다. 게다가 이 사업에 부여된 예산 코드 자체가 폐지됐다. 지역서점 활성화 예산도 전액 삭감되어서 수백 개의 문화 프로그램을 할 수 없는 상황이 됐다.

게다가 최근에는 지역 서점 활성화를 이유로 지역 서점에 한해 정가의 15% 이상 할인 판매를 할 수 있도록 도서정가제 적용을 완화하겠다고 하는데, 이것이 과연 동네 책방을 위한 정책이 맞는지도 의문이다.

작은 동네 책방의 경우 도서 공급률이 대형 서점과 다르게 더 높은 편이다. 작게는 65%에서 많게는 85%까지 책마다 각각 다르다. 예를 들어 10,000원짜리 도서를 책방에서 6,500~8,500원에 매입하고, 정가에 팔면 1,500~3,500원이 남는 구조다.

그런데 정가의 15% 이상을 할인 판매한다면 사실상 수익은 거의 기대하기가 어려운 것이다. 또한 도서는 자주 구매하는 재화가 아니기 때문에 하루에 한 권도 팔지 못하는 경우가 허다하다. 때문에 많은 동네 서점이 책 이외에 다른 상품도 함께 판매하며 수익을 보전하는 실정이다.

지역문화나 공동체 관련 예산도 마찬가지다. 10년 가까이 지역문화 기획자라는 이름으로 활동하며 먹고살던 여러 가지 프로젝트도 올해는 몽땅 기회가 사라졌다. 머물다가게 시즌 2를 진지하게 고민하기 시작한 것도 이러한 내 상황의 절박함과 맞물려서였다.

더 이상 프리랜서 기획자로서의 삶에만 중점을 두고 살 수는 없었다. 내 사업을 더 제대로 키워서 경쟁력을 갖춰야 했다. 그렇지 않으면 앞으로의 생존을 기대하기 어려운 상황이었다. 정치가 내 삶에 이토록 영향을 미칠 수 있다는 걸 이제야 피부로 느끼며 후회와 반성이 몰려왔다.

내가 할 수 있는 거라곤 나의 절실함을 담은 소중한 한 표를 행사하는 것. 힘을 합쳐 목소리를 낼 수 있는 분들과 함께 연대하는 것. 누군가 알아서 해주겠지 하는 마음으로 뒷걸음질 치지 않고 한 걸음 더 용기 내 나아가는 것. 책의 힘과 예술의 힘을 계속 믿는 것.

하지 말라면 더 하고 싶은 청개구리 심보로, 오기와 악바리의 심정으로 서점의 시즌 2를 준비하는 요즘. 물론 힘든 일도 많고 막막한 날도 많지만, 이러한 모양의 삶에도 끝없이 공감해주고 지지해주시는 분들이 있어서 참 든든하다.

아무튼 이왕 시작했으니 갈 데까지 가본다. 책이 시대에 뒤처지고 경쟁력 떨어지는 실패한 비즈니스 상품이 아니라, 사람을 만들고 삶의 변화를 이끌어주며 문화 생태계를 이끄는 존재임을 알아주는 소중한 이들과 함께.

2024.4.9.

이 선 넘으면 침범이야 beep

✦

썰렁했던 월요일과 달리 화요일은 정신없이 몰아치는 하루였다. 아침 일찍부터 CCTV를 설치하고, 중간에 보일러 수리도 하고, 에어컨 이전 설치까지 진행해야 했다. 여유롭게 모닝커피를 내려 마실 때까지는 몰랐다. 오늘 하루가 어마어마하게 길어질 줄은.

CCTV 설치 기사님이 일찍이 전기 공사를 할 때부터 미리 오셔서 상황을 파악하셨지만, 옛 천장과 벽을 최대한 살리며 공사를 진행한 탓에 CCTV 선을 인테리어 바깥으로 노출하는 것이 불가피했다.

전선이 노출되어 봐야 뭐 얼마나 거슬릴까 했는데 웬걸, 상당히 눈엣가시였다. 무려 아침 9시부터 오후 5시까지 땀을 뻘뻘 흘려가며 최대한 선이 덜 노출되도록 노력해주신 기사님의 수고가 무색하게 다 된 밥에 코 빠트린 것처럼 계속 눈에 거슬려 보여 괴로웠다.

게다가 선을 다 모아 놓으니 왜 이리 복잡해 보이는지. 1층과

2층, 옥상의 모든 선이 하나의 녹화기에 연결되어서 묵직한 전선 덩어리가 나의 업무 공간 밑으로 한데 모였다. 감히 손댈 수도 없을 만큼 복잡해서 건드려볼 엄두가 안 났다.

그나마 테이블 아래에 녹화기와 컴퓨터 본체 사이즈를 미리 생각해 공간을 빼둔 것이 신의 한 수였다. 이런 건 책에 나오지도, 누가 잘 알려주지도 않는 부분인데 나는 운 좋게도 유리공예 작가님이 친절히 알려주신 덕분에 미리 대비할 수 있었다.

인테리어 과정에서는 모든 것이 내 뜻대로만 되지는 않는다는 걸 계속 받아들여야 한다. 그것을 받아들이기 싫어서 발버둥을 치고 동동거려 봐야 소용이 없다. 되돌릴 수 없는 일에 대해서는 빠르게 포기하고 마음을 고쳐먹거나 대안을 생각하는 것이 훨씬 효율적이다.

CCTV 설치가 한창 진행되는 와중에 에어컨 이전 설치도 진행했다. 능수능란한 솜씨의 두 기사님이 오셔서 내가 신경 쓸 일도 없이 아주 깔끔하게 처리해주셨다. 준공 청소를 해주신 분의 소개로 요청을 드렸는데, 까다로운 작업이었는데도 저렴하게 작업을 해주셔서 감사했다.

1층 외벽에 새로이 구멍을 뚫고 2층으로 실외기를 길게 연결해 올려야 하는 작업이었다. 눈에 띌 수밖에 없는 위치여서 신경이 많이 쓰였는데, 꼼꼼하게 마무리해주셔서 아주 만족스러웠다. 게다가 CCTV 설치를 하다가 필요한 구멍까지도 흔쾌히 함께 뚫어주셨다.

다들 점심도 못 드시고 일하셔서 공간에서 함께 나눠 먹을 도시락도 시켰다. 그동안은 공간 내부가 발 디딜 틈도 없는 공사판이어서 안에서 식사하는 건 엄두도 못 냈는데, 테이블과 의자가 생겨 첫 개시를 할 수 있었다.

오후에는 테이블과 벤치를 만들 철제 다리도 드디어 배송됐다. 마침 리모델링 사장님도 함께 도와주러 와주셔서 나는 옆에서 그냥 구경만 했다. 집에 있던 소나무 상판에 철제 다리를 붙여서 벤치를 만들고, 떼어낸 문짝에도 철제 다리를 붙여 테이블을 완성했다. 실리콘까지 바르고 피스를 박아서 아주 튼튼한 가구로 다시 태어났다.

덕분에 가장 메인이 되는 서가의 가구가 모두 자리를 잡았다. 선거일에 쉬시는 아버지께서 비어있는 벽면에 나무 선반까지 달아주셔서 책을 비치할 수 있는 공간도 더 넉넉히 생겼다. 이제 드디어 책을 마음 놓고 정리할 수 있는 여유도 생겨서 기뻤다. (물론 정리할 일은 까마득하지만.)

또 보안장치 설치까지 완성되어서 이제는 한결 마음 놓고 다닐 수 있게 됐다. 이 모든 것이 다 돈이 들어가는 일이지만, 그렇다고 안 할 수는 없는 노릇. 돈으로 물건만 사는 것이 아니라 기쁨도 사고, 자유도 사고, 안전도 살 수 있다는 걸 새삼 다시 느꼈다.

이제는 돈을 열심히 벌어야 하는데, 아직도 돈 들어갈 일은 끝이 없다. 창업 선배님들은 오픈한 지 몇 년이 지나도 마찬가지라고 했다. 돈을 번 만큼 재투자하고 업그레이드하고 싶은 욕심은 끝이 없다고 했다.

후회된다는 말을 입에 달고 사는 요즘. 볼멘소리같이 들릴지 모르겠지만 진심이다. 매 순간 후회가 몰려오지만 이제 와 돌이킬 수 없기에 뚜벅뚜벅 나아가는 것이다. 이렇게 지난한 과정인 걸 미리 알았더라면 감히 시작도 하지 못했을 것 같다. 무식하면 용감하다는 말의 뜻을 절실히 체감한다.

훗날 나의 기록이 누군가에게 전해진다면 용기가 될지, 좌절이 될지 모르겠다. 다만 바라는 건 매 순간 자기가 원하는 선택을 하기를. 물론 내 선택에 대한 후회가 몰려올 때가 많지만, 그깟 후회는 하면 그만이다. 후회할 수 있는 것도 저지른 자의 특권이라 생각하며.

지나고 나면 어쨌든 한발 나아가있겠지. 매일 아슬아슬 선을 넘어가며.

2024.4.11.

책방지기의 생존에 대하여

✦

 처음으로 뉴 머물다가게에 가서 일하지 않은 날이었다. 책방을 잘 이끌고 지키기 위해서 먼저 잘 지켜내야 하는 건 바로 내 컨디션이다. 몰아치는 노동으로 온 가족이 병이 났다. 가만있어도 힘이 쭉쭉 빠지는 병. 이건 온전히 쉬어야만 나을 수 있는 병이다.

 공간에 가서 일하지는 않았지만, 오전에 치과에 다녀온 뒤로 오후에는 집에서 종일 노트북으로 일을 했다. 지난번에 잇몸이 아파서 치과에 간 이후로 계속 치료를 받고 있었는데 오늘 드디어 치과 치료가 모두 끝났다.

 내일은 건강검진도 받으러 가야 한다. 땀 흘리는 운동을 전혀 하지 않아서 혼날 것이 분명하다. 하지만 올해 운동을 아주 안 했던 건 아니었다. 본격적인 리모델링을 시작한 3월이 되기 전까지는 나름 매일 요가를 열심히 했었다.

 돈의 구속력이란 놀랍다. 요가 스튜디오에 등록해놓은 비용이 아까워서 남은 기간을 날리지 않기 위해 악착같이 운동했던 내 모습은 다시 생각해봐도 웃기다. 그 덕에 얻었던 아침 일찍 일어나는 습관과 조금 늘어난 근육이 지금은 온데간데없이 사라졌다.

며칠 내내 새벽 3~4시에 겨우 잠이 들었는데, 어젯밤엔 선거 개표 방송까지 보느라 여간 피곤한 하루가 아니었다. 계속 이렇게 살 수는 없지만, 당분간은 이렇게 살 수밖에 없다. 벌여놓은 일이 많아 하루하루 수습하기 바쁘다.

오후에 열심히 내 방 책상 앞에 앉아 노트북을 두드리며 일을 하는데, 어디선가 코를 킁킁거리는 소리가 났다. 뒤를 돌아보니 바둑이(2020년생, 코기푸)가 환기하려고 열어둔 창문 틈 사이에 올라앉아 콧바람을 쐬고 있었다. 어찌나 여유로워 보이던지.

깜지(2010년생, 코카푸)는 그 아래 침대에 편히 누워 쿨쿨 자고 있었다. 나도 따라 눕고 싶었지만 도저히 그럴 만한 여유조차 없었다. 심지어 커피도 깜빡하고 안 마셔서 오후 5시가 넘어가자 카페인 두통으로 머리가 깨질 듯 아팠다.

부랴부랴 커피를 수혈하고, 정신을 차려보니 어느새 저녁이 되었다. 저녁 식사를 하고 아무래도 영 찝찝해서 공간에 발자국이라도 찍고 왔다. 낮에 다이소에서 산 물건만 잠깐 정리하고 얼른 돌아왔다.

돌아오니 택배가 또 한가득 쌓여있었다. 피곤한 몸을 겨우 일으켜 택배를 뜯고, 배송 온 컵에 붙은 스티커도 하나하나 뜯었다. 컵을 설거지하고, 건강검진 때문에 저녁 9시부터는 금식을 해야 해서 부랴부랴 물을 한 컵 마셨다.

다시 책상 앞에 앉아 일을 마무리했다. 다음 주에는 발표 하나와 강의 두 개, 원고 두 개의 마감이 몰려있다. 똘똘하게 시간과 에너지를 잘 분배하지 않으면 방전되기 딱 좋은 스케줄이다.

일이 즐거운 것과 별개로 피곤한 건 피곤한 거다. 그동안은 불행인지 다행인지 돈 벌어야 하는 일이 없어서 공사에만 집중할 수 있었는데, 이제는 공간 인테리어와 이사를 하면서 동시에 외부 업무도 잘 처리해야 하는 상황이다.

'생존(生存)'이라는 단어는 '살아 있음'이라는 뜻인 동시에 '살아남음'이라는 뜻도 가지고 있다. 잘 살아 있기 위해서는 어떻게든 살아남아야 하는 법. 입속에 밥알을 밀어 넣어 배를 채우고, 몸을 움직여 운동하며 살아남는 생존도 해야 하지만, 삶의 필요를 채우기 위해 돈을 벌며 살아남는 생존도 해야 한다.

물론 최근에는 일을 열심히 하고 있지만, 아직 수입은 없다. 좋게 말하면 과감한 투자이지만, 나쁘게 말하면 맨땅에 헤딩만 열심히 하는 중인 거다. 이 와중에 곧 냉장고와 에어컨 구매를 앞두고 있어 또 목돈이 필요한 상황이 됐다.

일주일이나 기다려봤지만 대출 승인이 거절된 카카오뱅크 대출은 접어두고, 노란우산공제 대출을 신청했다. '노란우산공제'란 소상공인이 폐업했을 경우 퇴직금처럼 받을 수 있도록 평소에 모아두는 적금 같은 상품이다.

연간 최대 500만 원까지 소득공제를 해준다는 말에 사업을 시작한 초기부터 매월 일정 금액을 납부했었다. 그렇게 모은 부금액이 있으면 임의해약환급금 90% 이내에서 1년간 3.9% 이자로 대출을 할 수 있다. (2024년 4월 기준)

딱 1년만 대출이 가능하고, 이자는 1년에 걸쳐 나눠 내면 되지만 1년 뒤에 원금을 한 번에 모두 갚아야 한다. 그래서 최대한 늦게 신청하려고 했는데, 오늘 결국 신청할 수밖에 없었다. 신청한 지 5분 만에 바로 통장에 대출금이 입금됐다. 덕분에 생존력이 조금 더 생겼다.

2024.4.12.

새해 복 많이 받았어요

✦

 주말 동안 꽤 많은 일이 있었다. 주문했던 테이블 냉장고가 도착해 잘 설치했고, 프린터를 올려두고 그릇을 보관할 주방 가구를 부엌의 남는 공간에 추가로 더 짜서 넣었다. 사실 나 혼자만 주로 일할 공간이어서 어떤 가구를 놓아도 상관이 없었는데, 영 그림이 나오지 않아 결국 통일된 장을 새로 맞춘 것이었다.

 그 결과는 대만족이었다. 무슨 가구를 가져다 놓아도 어울리지 않고 애매했던 공간이 완벽하게 설계한 것처럼 완성됐다. 역시 맞춤 가구는 진리였다. 빈 벽에는 집에 방치해둔 나무 선반을 걸어 셋째 큰아버지가 만드신 도자기 컵과 작은 모카포트를 올려두었더니 마치 포토존처럼 보였.

 결과가 아주 만족스러워 청록색 장을 선택한 나에게 셀프 칭찬을 했다. 업체에서 무려 3시간이 넘도록 열심히 가구를 만들어주시는 동안, 아버지와 함께 새로 산 커피 그라인더 세팅을 했다. 커피 선생님께서 선물로 주신 고급 원두를 갈아가며 여러 번 테스트했다.

두 달 동안의 배움을 마치고 드디어 국제바리스타 ASCA 자격증을 받고 나니 어쩐지 어깨가 더 무거웠다. 커피의 맛을 좌우하는 수많은 요소를 거듭 테스트하는 일은 재미있으면서도 어려웠다. 게다가 사람마다 모두 다른 입맛의 평균치를 찾는 것도 쉽지 않은 과정이었다.

그동안 공간에 오시는 분들께 커피를 내려드리며 나름의 테스트(?)를 꾸준히 해 왔다. 여러 가지 컵도 샘플로 구매해서 비교해보고 공간과 잘 어울리는 것으로 선택했다. 다행히 평이 나쁘지 않아 자신감을 조금 얻었다. 남이 타준 커피만 마시던 내가 커피를 팔다니 아직도 얼떨떨하다.

마치 여름처럼 갑자기 더워진 날씨에 서둘러 하이마트에 가서 2층에서 쓸 냉난방기도 구매했다. 최대한 디자인이 예쁜 제품을 사고 싶었는데, 선택지가 많지 않았다. 난방 효율 때문에 면적의 2배가 되는 평형을 골라야 하는 데다, 220V 단상 제품만 가능한 상황이었다.

친절한 영업 팀장님과의 상세한 상담 끝에 합리적인 가격으로 재고가 하나 남은 상품을 얼른 찜해서 월요일에 곧바로 설치할 수 있게 됐다. 미래의 내가 짊어질 부담이 또 하나 늘었지만, 이제 값비싼 전자제품의 구매는 모두 끝나서 후련했다.

초등학교 친구가 쓰라고 준 컴퓨터와 공기청정기, 이전 머물다 가게에 함께 있던 진DoL 대표님이 선물로 준 빔프로젝터와 프린터, 짝꿍이 선물해 준 커스텀 키보드와 마우스, 어머니의 친구 분이 주신 옛날 비디오테이프, 지인들이 건네준 여러 책까지… 어쩜 이렇게 모두 필요를 딱 채워주시는지 감사할 따름이다.

특히 유리창에 스테인드글라스 작업을 해주시는 유리공예 작가님의 작업 현장을 직접 보니 아주 어마어마했다. 한땀 한땀 공들여 작업해주시는 노고에 감탄밖에 나오지 않았다. 전에 원데이 클래스로 체험했던 것과는 차원이 다른 스케일이었다.

오랜 시간을 투자해 정교하고도 감각적인 유리공예 작업을 기꺼이 해주시는 작가님의 작업 과정을 옆에서 생생하게 보니 정말 감개무량했다. 새로운 머물다가게 로고에 들어가는 글자는 유리 위에 내가 직접 붓으로 그리고 왔다. 어떤 모습으로 완성될지 너무 기대된다.

1층 머물곳의 방도 가구들이 드디어 자리를 잡았다. 작은방에는 당근에서 미리 구했던 3인 소파와 1인 소파를 나란히 넣으니 기가 막히게 길이가 딱 맞았다. 역시 당근에서 구해놨던 원목 좌탁을 소파 앞에 놓고 그 위에 빔프로젝터를 두니 또 기가 막히게 벽면에 화면 사이즈가 딱 맞았다.

큰방에는 옛 머물다가게에서 사용하던 책장을 고스란히 가져와 다시 조립해 넣으니 여유롭게 들어갔다. 당근으로 사두었던 테이블도 네 개 모두 넉넉하게 들어가서 프로그램을 할 수 있는 공간이 더 넓어졌다. 하나둘씩 큰 가구들이 자리를 잡았으니 이제는 자잘한 박스 짐만 잘 정리하면 된다.

앞으로 남은 일은 오롯이 나의 몫이다. 아직 다 풀지 않은 박스에 들어있는 모든 책과 굿즈 상품을 꺼내고 큐레이팅해 서가와 매대를 채워야 하는 가장 중요한 일이 남았다. 누구의 도움도 없이 시간을 갖고 사부작사부작 내 힘으로 해야 할 작업이다.

설레기도 하고 막막하기도 한데, 무작정 서두를 수는 없다. 그 무엇보다 가장 충분한 고민이 필요한 부분이기 때문이다. 지금까지 하드웨어 작업에 몰두했다면, 이제는 책방의 소프트웨어에 최선을 다해 집중할 시간이다.

커피를 배우며 가장 크게 와닿은 건 커피를 이루는 재료인 원두와 물이 커피 맛을 가장 크게 좌우한다는 점이었다. 아무리 값비싼 기계로 추출하든, 예쁘고 멋진 컵에 담든, 커피의 본질인 원두와 물이 좋지 않으면 소용이 없다.

책방도 마찬가지겠지. 아무리 비싼 건물에 근사하게 인테리어를 한다 해도 책방의 본질인 책의 힘을 이길 수 없을 테다. 좋은 문장의 힘을 믿고, 시간이 오래 걸리더라도 손님들께 가치 있는 책을 잘 고르고 소개하고 싶다. 다른 욕심은 좀 내려놓아도 이 욕심만은 절대 내려놓지 말아야지.

2024. 4. 15.

외로워도 슬퍼도 나는

✦

 부슬부슬 비 내리는 이른 아침, 조치원으로 지원사업 발표를 하러 다녀왔다. 오랜만에 도착한 조치원역은 여전히 나지막하고 고요했다. 버스 배차 시간을 기다리는 것보다 걸어가는 것이 빠를 것 같아 아침 운동한다는 마음으로 빗길을 걸었다. 20분 가까이 걸으니 송골송골 땀이 맺혔다.

 이번에 내가 지원한 사업은 소상공인시장진흥공단에서 진행하는 〈로컬크리에이터 육성사업〉이었다. 앞으로 새로운 머물다 가게에서 진행하려 하는 여러 가지 사업을 계획서에 꾹꾹 눌러 담아, 떨리는 마음으로 다섯 분의 심사위원 앞에서 나의 이야기를 전했다. 하필 발표가 심사 첫날의 첫 번째 순서였다.

 10분 동안 발표를 시간 내에 무사히 잘 마치고, 10분간 질의응답 시간이 있었다. 사업의 취지와 가치는 아주 좋지만, 돈을 벌 수 있는 사업 모델인지에 대한 심사위원분들의 우려가 있었다. 나름대로 열심히 답변했지만 뭐라고 했는지 기억이 잘 안 난다.

두 번째로 발표하러 들어가시는 분께 파이팅을 외쳐드리고 제일 먼저 발표장을 빠져나왔다. 돌아갈 때도 조치원역까지 걸어갔다. 주사위가 던져지니 후련했다. 결과는 알 수 없지만, 아까보다 거세진 빗속을 걸으며 이런저런 생각이 들었다.

 진짜 돈을 못 버는 사업이라면 내가 어떻게 5년을 버틴 거지? 물론 서점 운영만으로 먹고산 것이 아니니 버틸 수 있었지만, 그래도 서점을 계속 유지한 덕분에 생긴 일들이 훨씬 많은데. 그리고 이제부터는 사업 영역을 더 확장할 건데!

 갑자기 정신이 번쩍 들면서 또 한 번 오기가 발동했다. 돈? 벌고 만다! 책 읽지 않는 시대가 암울한 것이지 책 파는 일이 암울한 것은 아니니까. 예술이 돈이 안 된다고 모든 예술가가 다 예술을 포기했다면, 세상은 얼마나 더 암울했을까. 나도 어떻게든 무슨 수를 써서라도 해볼 테다! 불끈 다짐하며 대전으로 돌아왔다.

 그리고 집에 오자마자 뻗었다. 새벽까지 발표를 준비하고 일기를 썼던 어젯밤의 여파가 몰려왔다. 오후 5시가 다 되어서야 눈을 뜨고 겨우 몸을 일으켰다. 다시 뉴 머물다가게로 향했다. 어젯밤에 부모님이 당근 나눔으로 얻어오신 가구가 덩그러니 놓여있었다.

 처음에는 카운터 쪽에 굿즈를 올려둘 매대 가구로 사용하려고 했는데, 영 높이가 애매하고 폭이 너무 넓어서 고민스러웠다.

이러쿵저러쿵 이야기를 나누다가 결국은 옛 머물다가게에서 사용한 매대 가구를 다시 꺼내왔다. 그러니 얻어온 가구가 다시 갈 곳을 잃었다.

그때 마침, 대동에 사는 친한 친구의 부모님이 산책길에 들러주셨다. 머물다가게를 누구보다 아끼고 애써주는 동네 친구의 부모님이신데, 두 분은 우리의 고민을 듣고 함께 가구를 이리저리 옮겨가며 같이 고민해주셨다.

다락이 있는 바깥쪽 방에 애매한 높이의 가구를 넣어봤는데 너무 잘 어울렸다. 오히려 책에 더 집중할 수 있을 것 같은 분위기가 생겼다. 갈 곳 잃은 가구가 제 자리를 찾으니 아주 안정적으로 보였다. 원래 그 자리에 두었던 2인용 테이블은 주방 쪽으로 옮겨서 내가 사용하기로 했다.

이렇게 2층의 가구가 드디어 다 자리를 잡았다. 책장과 주방 바를 제외하고는 새 가구가 하나도 없다. 방문 문짝을 떼서 만든 테이블과 침대 밑에 묵혀둔 나무를 잘라서 만든 벤치, 옛 머물다가게에서 사용했던 가구들과 당근에서 구한 안성맞춤 가구들까지.

　아무리 도면을 그리고 머릿속으로 상상을 해보아도 직접 가구를 옮겨놓고 보는 것만큼 정확히 와닿는 건 없었다. 여러 사람의 아이디어와 의견이 더해져 공간이 점점 더 꼴을 갖춰가고 있다. 갈 길이 먼 것만 같았는데, 이제 갈 길이 조금 가까워 보인다.

　정리를 마치고, 늦은 저녁을 먹기 위해 집 근처에 있는 단골 식당에 갔다. 사장님께서 이사 준비는 잘 되어 가는지 물어보셔서 이런저런 한풀이를 했다. 사장님의 식당은 신축으로 지은 건물이라 큰 문제가 없으셨을 거라 생각했는데, 이야기를 들어보니 나보다 훨씬 다이내믹했다.

　자영업자의 마음은 자영업자가 잘 안다고 사장님께서 여러 가지 조언과 위로를 해주시니 마음이 좀 채워졌다. 요즘은 어떤 이야기를 들어도 자영업자에게 마음이 기운다. 자영업(自營業)이라는 말에는 '스스로 자(自)' 나 하나밖에 없으니까. 혼자는 아무래도 외로우니까.

2024.4.16.

책 속에 정말 길이 있나요?

✦

 작년 가을부터 시작한 독서심리상담사 그림책 수업이 오늘로 끝났다. 매주 화요일 아침마다 여성가족원에 가서 수업을 들었는데, 두 학기 연속으로 들은 수업이 이제 다 끝나서 앞으로 갈 일이 없어진다니 기분이 묘했다.

 그림책의 매력을 처음 알기 시작한 건 작년에 심리 상담을 받으면서부터였다. 유난히 힘든 일이 많았던 작년, 사계절 내내 여러 종류의 상담을 계속 이어받았었다. 그중에 여름에 받은 집단상담 때 처음으로 그림책 독서치료를 경험했다.

 물론 그림책이 어린아이들만 읽는 책은 아니란 건 알고 있었지만, 삶에 깊이 와닿는 그림책을 만난 경험은 없었기에 처음에는 큰 관심이 없었다. 하지만 회차가 진행될수록 내게 통찰을 주는 그림책을 만날 때마다 짜릿하고 마음이 간질간질했다.

 여기서 멈추기엔 아쉬운 마음이 들었다. 그림책의 세계를 더 많이 알고 싶다는 갈증이 났다. 상담이 모두 끝나고 독서치료를 받은 상담센터에서 알려주신 '독서심리상담사' 교육과정을 찾아 등록했다.

매주 새로운 그림책을 만나며, 선생님의 가르침과 동기분들의 반짝이는 이야기들을 듣는 순간이 참으로 값졌다. 심리 상담을 받으며 나를 인식하고 수용하는 시간이 되었다면, 상담 수업을 들을 때는 다른 사람들을 이해하고 받아들이는 시간을 경험했다.

단순히 자격증을 따는 것이 다가 아니다. 할 수만 있다면 평생 듣고픈 수업이다. 이제 머물다가게 시즌 2를 오픈하면 여유가 없겠지만, 우리 공간에서도 함께 그림책을 읽는 모임을 만들어 누군가와 꾸준히 그림책의 세계를 나누고 싶다는 생각이 들었다.

마지막 수업을 마치고 곧바로 뉴 머물다가게로 향했다. 오전에는 내가 없는 사이 냉난방기 배송이 와 설치돼 있었다. 걱정과는 달리 공간과도 꽤 잘 어울리고 크게 자리 차지하지 않는 적당한 크기였다.

에어컨 설치를 하는 동안 어머니께서 자리를 지켜주셨는데, 설치 기사님께서 공간이 예쁘다고 극찬을 해주셨다는 말에 흐뭇했다. 친절하고 꼼꼼하게 냉난방기와 실외기까지 잘 설치해 주신 덕분에 한시름 놓게 됐다.

점심때는 동네 친구의 어머니께서 맛있는 시장 떡볶이와 김밥, 튀김을 사다 주셔서 함께 창가에 앉아 식사했다. 그 와중에 한전에서 나와 오래된 전선을 새것으로 교체도 해주고 가셨다.

눈엣가시였던 죽은 전선 한 가닥도 이참에 처리했다.

식사를 마치고 커피 한잔을 마신 뒤 서가 앞에 잔뜩 쌓아둔 박스를 보며 막막해하고 있는데, 친구 어머니께서 먼저 일어나셔서 짐 정리를 도와주셨다. 혼자서 사부작사부작 어느 세월에 다 정리할까 했던 수많은 박스와 책들이 순식간에 정리됐다.

책은 일단 책장에 꽂아두어야 작업하기가 편할 것 같아서 박스별로 나누어놨던 책들을 꺼내어 책장에 꽂고, 빈 박스는 납작하게 접어서 분리수거를 했다. 어머니의 정리 솜씨는 감히 따라잡을 수 없을 정도로 정말 빠르셨다.

덕분에 오늘 안에 절대 다 정리하지 못할 것 같던 박스들이 깔끔하게 모두 자취를 감췄다. 여기저기 흩어져있던 책들을 한데

모으니 옛 머물다가게에도 꽤 많은 책이 있었다는 것이 실감 났다. 이제 책을 분류하고 재배치하고, 포스 전산에 등록하는 일이 남았다.

그리고 책을 만나게 될 손님분들을 상상하며 좋은 책이 필요한 분에게 잘 발견될 수 있도록 차곡차곡 정리해둬야지. 그 모습을 떠올리면 벌써 기분이 좋다. 수많은 문장의 힘이 서점의 모자란 부분을 가득 채워줄 거라 생각하면 아주 마음이 든든하다.

책 속에는 마음도 있고 사랑도 있다. 기쁨도 있고 슬픔도 있다. 희망도 있고 절망도 있다. 정보도 있고 방향도 있고, 책망도 있고 위로도 있다. 책 속에는 차마 다 헤아릴 수 없는 수많은 길이 있다.

그 길을 잘 따라가다 보면 적어도 책을 읽기 전의 나와는 조금 다른 사람이 된다. 어떨 땐 아주 많이 다른 사람이 되기도 하고. 이 글을 쓰다 보니 어서 더 많은 책을 읽고 싶어진다. 아, 근질근질해!

2024.4.17.

자줏빛 볕이 드는 마을

✦

 내가 좋아하는 색깔은 자주색이다. 내가 사용하는 캐릭터의 머리 색깔도 자주색이고, 전에는 주기적으로 자주색 머리로 염색도 했었다. 옷이나 신발, 모자, 가방과 각종 문구류, 명함 지갑은 물론 노트북까지도 자주색이다. 이렇게 자주색을 자주 사용하다 보니 어느새 나를 상징하는 색이 됐다.

 자주색을 좋아하게 된 이유는 여러 가지가 있는데, 그중 한 이유는 내가 가장 오래 살아온 동네의 이름에서 비롯한다. 뉴 머물다가게가 있는 동네이자 내가 약 30년간 살아온 곳인 자양동(紫陽洞)은 '자줏빛 볕이 드는 마을'이라는 뜻을 가졌다.

 20대 초반에 동네에 주택이 사라지고 원룸촌으로 변해가는 풍경이 안타까워 마을 사진을 찍고 다니곤 했는데, 그때 우리 마을 이름의 뜻이 궁금해서 찾아봤었다. 이런 마을 기록 이야기를 가지고 동네에서 마을 활동 특강도 한 적이 있었다.

 오늘도 특강을 하러 다녀왔다. 리빙랩에 참여하는 대학생들에게 내가 머무는 마을의 이야기를 들려주고, 마을 의제를 제시하는 강의였다. 스튜디오에서 영상 촬영으로 강의를 진행했다. 나는 자주색 재킷을 걸치고 스튜디오에 갔다.

카메라 앞에 앉아 내가 만든 강의자료를 보며 동네 이야기를 나누는데, 문득 새록새록 옛 기억이 떠올랐다. 내가 처음으로 우리 동네를 애정 어린 시선으로 바라보게 됐던 계기는 이병률 작가님의 책 『끌림』 속의 한 구절을 읽고 난 후였다.

파리를 여행하는 파리 토박이 청년의 이야기가 나오는 부분이었다. 동네 토박이인데 자신이 사는 동네를 여행한다니. 책의 내용은 파리의 아름다움을 예찬하는 글이었지만, 그 이야기를 읽고 나도 한번 내가 사는 동네를 여행해 보기로 했던 거다.

자양동을 여행하는 마음으로 산책하며 필름 카메라에 동네 풍경을 담았다. 그리고 그 사진들을 모아 사진전을 열었다. 우리 집 담벼락에. 주택이 사라지는 동네 풍경에 대한 아쉬운 마음을 담아 '담에 걸린 이야기'라는 뜻의 〈갤러리 담담〉 프로젝트라고 이름까지 붙였었다.

누가 시키지도 않았는데 한 일들이었다. 내가 왜 그랬을까? 정말 책의 한 구절이 나를 여기까지 이끌어 온 걸까?

특강을 마치고 자양동의 뉴 머물다가게로 돌아왔다. 1층 공간에 샛노란 개나리색 냉장고가 도착해 있었다. 자주색 냉장고가 있었다면 단번에 마음이 끌렸겠지만, 안타깝게도 선택지가 별로 없었다. 대신에 청록색의 주방과 잘 어울릴 것 같아서 개나리색을 택했다. 눈에 확 띄고 색이 잘 어울려서 마음에 쏙 들었다.

2층으로 올라가 배송 온 다른 택배 상자도 풀었다. 카키색의 에어건도 잘 도착했고, 강의 촬영을 마친 뒤 스튜디오 근처 리빙숍에서 구매한 초록색 연필꽂이와 연필깎이, 펜슬 케이스도 꺼내두었다.

문득 돌아보니 이 공간에서 내가 좋아하는 자주색은 영 찾아보기가 어려웠다. 공간의 컨셉에 맞추다 보니 무작정 원하는 컬러로만 도배할 수는 없어서 그랬다. 선인장이 그려진 로고로 바꾸니 자연스럽게 선인장의 초록색에 화분과 벽돌을 상징하는 적갈색이 포인트가 된 거다.

전에 만들어둔 로고를 유심히 바라보다가 안 되겠다 싶어 풀 컬러 로고를 다시 그렸다. 초록색으로 선인장을 칠하고, 유리 공예 작가님과 함께 골랐던 색깔로 책 부분을 채웠다. 그리고 마지막에 선인장 머리에 핀 작은 꽃은 자주색으로 칠했다.

어딘가 조금 아쉽긴 했지만, 그래도 만족스러운 기분이 들었다. 집으로 돌아와서 다락방에 있던 몇 가지 짐을 더 챙기다가 오랫동안 방치했던 잡지꽂이 사이에 있던 선인장 아트북을 발견했다. 선인장 덕질은 초등학생 때부터 시작됐으니 그리 놀라운 일은 아니었다.

가로가 아닌 세로로 넘기는, 그것도 위로 넘기는 게 아니라 아래로 넘기는 방식이 독특해서 샀던 책이었다. 이 책은 머물다가게의 카운터에 두면 딱 좋겠다고 생각하며 책을 넘기는데, 마지막 장에 짠! 하고 자주색 꽃이 활짝 핀 부분이 나타났다. 괜스레 배시시 웃음이 났다.

2024.4.18.

구석구석 닿는 사랑

✦

 바이오리듬이 꼬이는 바람에 새벽 5시에 잠이 들었다. 4시간 정도 잠을 자고, 아침에 겨우 눈을 떴다. 아직도 정리할 게 산더미처럼 쌓여있고, 모두 내가 책임지고 해야만 하는 일들이어서 여유 부릴 시간이 없었다. 하지만 잠을 많이 못 자서 피곤을 이기기가 힘들었다.

 아치방에 넣어둔 빈백 소피에 잔깐 몸을 누이고 눈을 감았다가 잠들어버릴 것만 같아서 벌떡 일어났다. 연보라색 카디건을 걸치고 나온 기념으로 연보라색 모카포트에 커피를 내려 마시며 정신을 깨웠다.

 커피를 마시고 고요한 공간을 구석구석 홀로 걸었다. 화려한 문양의 테이블 위에 비치는 유리창과 그 가운데 잔깐 묻은 햇살이 참 아름다웠다. 이 집은 구석구석 햇빛이 닿지 않는 곳이 거의 없었다. 공평하고도 따스하게 하나하나 햇빛이 스쳐 지나간다.

 조금 더 오래 여유를 부리고 싶었지만, 곧바로 템포 있는 음악을 틀고, 본격 정리 모드로 돌입했다. 일단 사무용품 박스를 먼저 정리했다. 주방과 카운터 공간이 내게는 곧 사무실이기도 해서 수납공간도 꽤 많이 필요했다.

주방 장을 추가로 맞추길 잘했다는 생각이 들었다. 넉넉한 수납공간이 생긴 덕분에 새로 사둔 사무용품도 충분히 다 들어갔다. 여덟 개의 서랍에 나름로 기억하기 쉽게 물건을 분류해 넣어두니 마음이 든든했다.

정리를 마무리하고 있는데 어머니께 급히 전화가 왔다. 1층에 둘 신발장을 당근으로 구했는데, 세종에 계신 판매자분이 이곳까지 직접 배송해주신다는 기쁘고 감사한 소식이었다. 마침 신발장 손잡이가 꼭 우리가 일부러 맞춘 것처럼 주방과 책장 손잡이 모양이랑 똑같았다. 색상과 크기도 우리 공간과 딱 잘 어울리는 것이어서 신기할 따름이었다.

미리 사두었던 실내화도 신발장 속에 채워 넣었는데 다행히 넉넉히 잘 들어갔다. 신발장 옆에는 대흥동에 있던 책방 '도어북스'의 사장님이 물려주신 잡지꽂이를 두었는데, 이 역시 신발장과 톤도 비슷하고 길이와 폭도 딱 맞아 꼭 세트로 맞춘 것처럼 잘 어울렸다.

어쩜 이렇게 딱딱 맞을까. 맞춤으로 짠 가구를 제외하고는 모든 가구를 당근과 중고로 다 구했다. 새 가구를 따로 구매한 것이 하나도 없다. 그냥 당근 하우스라고 불러도 될 정도다.

누군가에게는 쓸모없어진 물건이 내게는 없어서 못 사는 물건일 수도 있다는 것. 다른 곳에서는 영 어울리지 않던 가구가 찰떡같은 공간을 만나서 빛나는 모습으로 재탄생할 수 있다는 것. 물건의 생명선은 함부로 단정할 수 없다는 것. 모두 당근을 하며 알게 된 사실이다.

이번 이사를 준비하며 당근의 활약을 주도한 숨은 주역은 바로 어머니였다. 어머니의 공간감은 기가 막혔다. 나는 절대로 안 들어간다며 줄자 먼저 들이대곤 했는데, 어머니는 일단 물건을 들고 움직이셨다. 그러면 기가 막히게 물건이 쏙- 하고 들어갔다. 마치 일부러 맞춰서 만든 것처럼.

아무렴 오랜 세월 동안 집안 살림과 인테리어를 도맡아 하신 고수의 눈썰미는 이길 수 없었다. 절대 못 넣을 거라 생각한 작은 좌탁도 다락방에 넉넉히 들어갔다. 거기에 친구가 갖다준 포근한 좌식 소파도 꼭 맞게 들어갔다.

원하는 장소에 상상한 물건이 꼭 들어맞는 희열이 아주 짜릿했다. 동네 친구가 가져다준 모빌은 아치방에 달고, 그 옆에 내가 좋아하는 나나와와칭 작가님이 그리신 모빌 포스터 천을 거니 아주 잘 어울렸다.

출근 전에 딸내미의 점심거리를 챙겨다 주신 어머니께 시원한 카페라테를 한 잔 말아드렸다. 이제 비주얼도, 맛도 파는 음료 같다고 하셔서 조금 안심이 됐다. 어머니가 출근하실 즈음 동네 친구가 들러서 책 여러 권과 예쁜 조화 꽃병도 가져다주었다.

  햇빛이 자리를 옮겨가며 공간의 구석구석을 따스하게 비추듯이, 내 주변에 있는 좋은 분들이 나의 필요를 매번 구석구석 채워주신다. 그 마음이 참 고맙고, 사랑으로 느껴진다. 안부 전화나 응원의 메시지를 주시거나 일기에 답장을 주시는 분들께도 마찬가지다. 이렇게나 많은 사랑을 받아서 언제 다 갚고 살 수 있을지 걱정이다.

  그저 나의 자리에서 묵묵히 잘 머물고 있으면 될까. 따스히 전해 받은 사랑을 꾹꾹 눌러 담아 또 다른 이에게 잘 전하면 될까. 그럼 그분들처럼 나도 아름다운 이가 될 수 있을까.

2024.4.19.

해도 해도 끝이 없는

✦

 주말 내내 정리했는데도 어쩐지 제자리걸음을 한 것만 같다. 정리는 해도 해도 끝이 없었다. 그래도 집에 있던 짐이 드디어 모두 가게로 옮겨졌고, 꽤 많은 박스를 비워 해치웠다. '언젠가는 정리가 다 되겠지. 아니, 다 되게 해야지.'라고 끊임없이 스스로 주문을 걸며 손과 발을 쉬지 않고 움직였다.

 금요일 오후에는 잠깐 자리를 비운 사이에 가게 앞 사거리에서 사고가 난 모양이었다. 다시 돌아와 보니 부서진 차량 두 대가 길가에 주차돼 있었고, 그 앞에서 사람들이 실랑이를 벌이며 한참 이야기를 나누고 있었다.

 비탈진 경사가 꽤 심한 길이라 나도 다닐 때는 최대한 피해 다니던 길이었다. 게다가 내리막에 있는 하수구 덮개를 살펴보니 너무 오랫동안 마찰로 마모되어 미끄러운 상태였다. 누구라도 사고를 피하기 어려울 만큼 위태로워 보였다. 아무래도 민원을 넣어야겠다.

 불과 몇 달 전까지만 해도 남의 일이었던 것이 이제는 내 일이 된다는 것이 신기했다. 옛 머물다가게의 위치와 크게 멀어지지 않았다고 생각했는데, 생활권이 확실히 달라지긴 했다. 오고 가는 사람들도 많이 바뀌었다.

전에는 여행객이나 어르신이 자주 지나는 골목이었는데, 이제는 대학생과 어린 학생들이 더 많이 오가는 것이 느껴졌다. 공간의 모습이 점점 꼴을 갖춰갈수록 지나가는 사람들의 관심도 더 커졌다.

처음에는 힐끔힐끔 수군대던 사람들이 이제는 적극적으로 사진을 찍거나 오픈은 언제 하느냐고 물어왔다. 그런 관심이 낯설고도 감사한 한편, 두렵기도 했다. 아직 준비가 다 되지 않았는데 괜히 조급한 마음도 들었다.

서두르지 말고 차근차근히 해야겠다고 생각하면서도 마음대로 되지 않는다. 하지만 어차피 내 손이 마음보다 더뎌서 되는 듯 마는 듯 천천히 정리하고 있다. 어쩌면 두려운 마음이 손과 발을 더 느리게 만드는지도 모르겠다.

책은 일단 책장에 다 꽂아두었지만, 분류는 하나도 되어 있지 않아서 완벽히 정리되었다고 볼 수가 없다. 굿즈는 조금씩 자리를 잡았지만, 전에 있던 매대보다 확실히 공간이 줄어서 효율적인 배치가 필요하다. 그 외에는 어쩜 이렇게 쓸데없는 물건들이 많은지.

대부분은 나의 5년 묵은 '혹시 몰라 놔둔' 물건들이었다. 존재

하는지조차 까맣게 잊었던 물건들이 툭툭 튀어나올 때마다 자책했다. 도대체 이건 언제 쓰겠다고 안 버리고 쟁여둔 걸까. 이건 왜 버리지 못하고 여기까지 데려온 걸까. 이사하기 바빠서 무작정 쓸어 담아 그냥 가지고 왔더니 버릴 것이 더 많았다.

내가 물건을 정리하는 동안 어머니는 1층에서 비디오테이프를 정리하셨다. 어머니의 친구 작가님께서 주신 비디오테이프가 책장을 꽤나 꽉 채웠다. 빼곡하게 진열된 비디오테이프를 보니 옛 시절로 점프해 날아가는 기분이 들었다.

초등학생 시절에 부모님이 잠깐 '연인 비디오'라는 비디오 가게를 운영하신 적이 있었다. 그 시절 일기장을 보면 영화 보는 그림이 참 많다. 1층 머물곳 공간에 영화를 함께 볼 수 있는 공간을 꼭 두고 싶었던 것도 어린 시절의 영향이 컸을지 모른다.

사실 어린 시절의 기억은 그동안 삶의 전반에 영향을 미쳤다. 나는 중학교 때 영화감독과 시나리오 작가가 꿈이었다. 영화를 많이 보다 보니 그런 멋진 걸 만드는 사람이 되고 싶었다. 하지만 그 꿈은 이루어지지 않았다.

나는 그냥 영화를 좋아하는 책방 주인이 되었다. 제일 좋아하는 건 취미로 남겨놔야 행복할 거라는 우리 과 교수님의 말씀대로 진로를 틀어버리길 잘했다고 생각한다. 하지만 한때는 꿈을 포기하는 것이 속상해 영화를 한동안 끊은 적도 있었다.

결국 문화예술교육사 자격증을 준비하며 기어코 영화 수업을 들었고, 그때 많은 미련과 갈증을 해소할 수 있었다. 언젠가 짧은 영화 한 편을 만들고픈 소망은 여전히 남아있다. 그게 언제가 될지, 어떤 내용이 될지는 모르겠지만.

해도 해도 끝이 없는 정리를 하며, 꿔도 꿔도 끝이 없는 꿈에 대해 생각했다. 남들이 비웃어도 계속 꾸는 꿈. 죽어도 안 될 것 같아도 포기하지 않고 꾸는 꿈. 삶이 나를 속일지라도 꾸는 꿈. 그 꿈의 옆자리엔 언제나 소망과 희망이 함께 있다.

해도 해도 끝이 없는 정리를 하며, 이 공간이 누군가의 꿈을 뒤에서 응원하고 밀어주는 곳이 되길 간절히 꿈꿨다.

2024.4.22.

진심으로 축하드립니다

✦

 무거운 몸을 겨우 일으킨 아침이었다. 물건을 계속 들었다 놨다 했더니 손목과 전완근도 뻐근하고, 몸이 전체적으로 물먹은 솜처럼 가라앉았다. 그렇다고 마냥 지체할 수 없는 월요일이었다. 오후에는 잠깐 외부 일정도 있어서 시간이 부족했다.

 화요일 아침 일찍부터 손님들이 방문하시기로 해서 오늘 안에 최대한 메인 공간은 깨끗하게 만드는 것이 목표였다. 오후에 외부 일정을 다녀오자마자 신나는 음악을 틀어놓고, 앞치마를 입고 본격 정리 모드로 돌입했다.

 짐 정리가 다행히 조금씩 끝이 보이기 시작했다. 역시 마감 효과는 놀라웠다. 이번 주 금요일과 토요일에 동구청 중앙광장에서 진행하는 〈달빛 야외 도서관〉 프로그램에도 부스 참여를 하기로 해서 마음이 더 바빴다.

 일단 박스를 다 풀고 굿즈를 정리해야지 가져갈 것과 두고 갈 것을 구분할 수 있기에 주말에 모든 짐을 다 옮겨둔 것이었다. 모조리 꺼내서 물건을 펼쳐놓았을 때는 세상 복잡하고 끝이 절대 안 보이는 것 같았는데, 하나씩 자리를 잡고 정리하다 보니 어느새 꽤 완성된 모습을 갖췄다.

요모조모 창틀까지 야무지게 활용하니 절대 다 못 들어갈 것만 같던 굿즈들이 결국 다 제자리를 찾았다. 마치 테트리스를 하듯이 빈틈없이 빼곡하게 채워지는 굿즈들을 보면서 짜릿한 희열이 느껴졌다.

굿즈 매대의 면적은 이전보다 훨씬 줄었지만 옛 머물다가게의 모습을 고스란히 옮겨온 것 같아 추억이 새록새록 떠올랐다. 자주 오시던 단골손님들께도 그렇게 느껴지면 좋겠다. 벽이 모자라서 끝내 붙이지 못한 마그넷 타공판은 결국 집에 굴러다니는 이젤을 가져와 에어컨 앞에 세워뒀다. 아버지의 아이디어였는데 아주 탁월한 선택이었다.

정리할 때마다 느끼는 것이지만, 그 작은 5평 남짓한 공간에 도대체 어떻게 이 많은 물건이 다 들어있었나 싶다. 판매상품은 그렇다 치고, 한 번도 꺼내지도 않고 저 깊이 묻어놨던 사적인 물건을 꺼낼 때마다 나의 욕망과 미련이 함께 떠밀려 쏟아졌다.

대부분의 물건은 미련 없이 휴지통에 집어 던졌지만, 몇 개의 물건은 다시 정돈된 미련으로 포장해서 수납공간 어딘가에 밀어 넣고 말았다. 여태 기억에도 없었다면 사라져도 아무 문제 없는 물건일 텐데, 도대체 왜 버리지 못할까. 그 이유를 깨닫게 되면 그때 꺼내어 버리기로 했다.

한바탕 정리하는 동안 휴대폰도 잘 보지 못하고 있었는데, 어느새 저녁 시간이 다 되었다. 기지개를 켜고 휴대폰을 열었는데, 예상치 못한 문자가 한 통 와있었다. 바로 지난주 월요일에 면접을 보았던 〈로컬크리에이터 육성사업〉의 평가 결과 발표를 알리는 문자였다.

  메일을 확인해 보라는 문자를 읽고 떨리는 마음으로 메일을 열었다. 발표 면접을 썩 잘 보지 못했다고 생각했던 터라 기대하지 않고 있었는데, [평가결과 : 합격] 이라는 커다란 글씨에 '합격'에는 노란색으로 하이라이트까지 되어 있었다.

  너무도 분명하게 쓰여있는데도 두 눈을 의심했다. 몇 번이고 메일을 다시 읽고서야 실감이 나서 심장이 덜컹했다. 메일의 마지막에 ☆★ 진심으로 축하드립니다 ★☆ 라는 문장이 적혀있는데, 얼마나 기분이 좋아지던지.

  가족들에게 기쁜 소식을 나누고, 내가 지원사업에 합격하는 예지몽(?)을 꿔준 친구에게도 연락해 기쁨을 함께 나눴다. 면접을 보고 왔던 날, 신기하게도 내가 지원사업에 합격했다는 소식을 들은 꿈을 꿨다고 친구에게 연락이 왔었다.

  마치 예전에 회사 입사 합격자 발표날에 어머니가 '합격'이라는 커다란 글씨가 적힌 족자를 봤다는 꿈과 비슷해서 신기했었는데, 진짜 그 꿈이 또 현실이 될 줄은 꿈에도 몰랐다. 친구가 축하한다며 '역시 착하게 살아야 해.'라고 말해서 나는 그만 빵 터졌다. 내가 정말 착하게 살아서 복 받은 걸까? 그렇다면 진짜 평생 착하게 살아야겠다.

오랜만에 밖에서 맛있게 저녁식사를 하고 돌아와, 하다 만 정리를 마저 했다. 어느새 밤 11시가 다 되어 마무리하고 집으로 돌아왔는데, 유리공예 작가님께 연락이 와 있었다. 메인 창의 유리 조립이 거의 다 끝났다는 소식과 함께 몇 장의 두근거리는 사진이 도착했다.

맙소사! 너무나 신비하고 아름다웠다. 이 커다란 유리창을 예쁘게 빛내줄 작품을 이렇게 한땀 한땀 소중하게 만들어주시다니! 너무나 귀하디귀한 선물이다. 무겁게 시작한 아침이었는데, 이토록 날아갈 듯한 밤을 맞이하다니. 오늘은 아주 아주 좋은 꿈을 꿀 것만 같다.

2024.4.23.

바쁘다 바빠 인장이의 하루

✦

아침 일찍 손님이 잠깐 오시기로 해서 9시부터 문을 열고 정리를 미리 시작했다. 아침엔 햇살도 바람도 아주 좋았다. 문을 활짝 열고 환기하며 청소와 정리를 하는데, 파리가 연달아 계속 들어와 결국 문을 닫았다.

아치방에 놓은 빈백 위에 드러누웠다가 창문으로 불어오는 바람이 꽤 차가워서 이내 몸을 일으켰다. 어서 지체 말고 몸을 움직이라는 신호 같았다. 오늘은 외부 일정이나 약속도 없는 날이어서 종일 집중해 정리를 할 수 있는 좋은 기회였다.

정리가 마무리되어 가는데 자꾸만 찾는 물건이 보이지 않아 의아했다. 분명히 모든 박스를 다 열었다고 생각했는데, 어딘가에 누락된 상자가 있는 것일까. 갸우뚱하며 보이는 물건부터 차근차근 정리를 이어갔다.

굿즈 정리는 어느 정도 다 되었다. 매대 가구가 줄어서 다소 빽빽한 느낌이 가득했지만, 원래 비어있는 공간을 가만두고 보지 못하는 성격이라 내게는 참으로 편안한 풍경이었다. 덕지덕지

포스터까지 다 붙이고 나니 옛 머물다가게가 부활한 것 같았다.

어머니가 사다 주신 빵과 내가 내린 아이스 커피로 점심을 해결했다. 오후에는 친구 어머니께서 다친 발을 이끌고 오셔서 내게 선인장 퀼트 화분을 선물해주셨다. 둥글둥글하고 예쁜 가시가 콕콕 박힌 포근하고 부드러운 선인장이 너무나 예뻤다. 친구가 쓰던 화분을 재활용해서 퀼트로 만든 선인장을 심어다 주신 거였는데, 서점 공간의 분위기와도 정말 잘 어울렸다.

안 그래도 집이나 서점이나 선인장 소품으로 가득한데, 역대급 비주얼과 정성 가득한 특별한 선인장 소품이 생겨서 정말 기쁘고 감사했다. 친구 어머니께서는 작은 퀼트 선인장 화분을 몇 개 더 만들어 오겠다고 약속하시며 집으로 돌아가셨다.

나는 다시 홀로 남아 짐을 마저 정리하다가 분필 여러 개를 발견했다. 당근에서 구해놨던 칠판을 깨끗이 닦고, 분필로 새로운 손님을 맞이하는 환영 멘트를 적어보았다. 이 칠판을 언제쯤 앞에 꺼내어두고 손님들을 격하게 환영할 수 있을지…

사실 인테리어가 끝난 지는 한참 지났지만, 아직 준공검사를 받지 못했다. 보일러실 창고 지붕이 문제가 되어 증축 신고를 했는데, 영 진척이 되지 않았다. 결국 증축 신고는 조금 미루기로 하고, 먼저 준공검사를 위해 지붕을 철거하고 말았다.

며칠간 비까지 내리는 바람에 창고에 둔 물건과 보일러에 돗자리와 비닐을 씌워가며 준공검사를 기다리고 있는데, 일주일째 소식이 없어 답답해하는 중이다. 그동안은 짐을 정리하느라 어차피 당장 오픈할 수 없는 상황이었는데, 이제 정리가 다 되어 가니 준공검사가 관건이 된 거다.

준공검사가 완료돼야 그다음 절차를 진행할 수가 있다. 영업허가증을 받고, 사업자등록증 정정 신청을 하고, 새롭게 포스 프로그램을 구매하고 책과 굿즈를 등록하는 일까지 모두 순차적으로 해야 한다. 그래야 정확한 재고 정리가 가능한 것이다.

일단 마지막 박스까지 정리를 다 하고, 집으로 돌아왔다. 저녁 식사를 한 뒤에 1층에 둘 분리수거 쓰레기통을 당근 하러 다녀왔다. 마침 집으로 배송 온 가게 물건들이 있어서 가져다 둘 겸 다시 가게로 향했다. 1층의 작은 보일러실에 쓰레기통을 넣으니 쏙 들어갔다.

겸사겸사 다시 한번 돌아보며 짐을 정리하다가 문득 빔프로젝터를 틀어봐야겠다는 생각이 들었다. 그동안 다른 정리를 하느라 바빠서 TV 모뎀까지 설치해두고 아직 연결해본 적은 없었다. 화면 사이즈는 얼추 잘 맞다는 확인은 했는데, 화질이나 소리도 괜찮은지는 미처 확인을 못 했었다. TV 모뎀과 빔프로젝터를 서로 연결하고 리모컨으로 빈 벽에 TV를 틀었는데, 맙소사! 생각보다 화질과 소리가 너무 좋았다.

불을 끄니 정말 영화관이 따로 없었다. 게다가 테이블의 위치와 높이와도 너무 딱 떨어지게 벽 전체에 화면이 꽉 차게 들어왔다. 크기를 재보니 무려 116인치였다. 우연히 튼 채널에서 강원도 고성의 깊고 짙은 바다 풍경이 흘러나왔는데, 마치 감동의 물결이 내게 몰려드는 것 같았다.

스크린과 사운드바도 사야 하나 했는데, 전혀 필요 없게 느껴졌다. 선물 받은 빔프로젝터의 화질과 음질 사양이 생각보다 정말 좋은 것이었다. 나는 빔프로젝터를 선물해준 진DoL 대표님에게 사진과 함께 다시 한번 감사 인사를 전했다.

큰일났다. 이러다 공간대여가 아니라, 내가 매일 죽치고 앉아 있게 생겼다. 정신 차리자. 이 선인장 아니 주인장아!

2024.4.24.

여기는 뭐 하는 데예요?

✦

 새벽에 감지기가 울려서 KT텔레캅 보안팀에서 출동하신 적이 몇 번 있었다. 별일이 없는데 감지기가 오작동한 거였다. 점검을 위해 아침 일찍 KT텔레캅 기사님들이 들르셨다. 감지기 조절을 마치고, 이어서 간판 사장님도 오셨다.

 오늘은 1층 어닝과 간판 일부를 설치하는 날이었다. 오전 11시부터 저녁 8시까지 거의 하루를 꽉 채워 간판 시공을 하셨다. 내가 대충 그린 그림을 기가 막히게 그대로 실사판으로 옮겨와 주시니 신기했다.

 원래 간판 디자인 시안에는 나중에 선인장을 직접 그릴 생각으로 대충 느낌만 붙여놨던 거였는데, 그걸 실사 이미지로 뽑아와 주셔서 활용할 수가 있었다. 머물다가게 로고도 뽑아와 주셨는데 실물이 너무 귀여웠다.

 내가 잠깐 점심을 먹고 온 사이에 게시판을 먼저 붙여주셨다. 고동색의 단단한 철판에 비를 맞지 않도록 지붕을 씌우고, 그 안에 조명까지 길게 넣어주셔서 퀄리티가 아주 좋고 넓은 게시판이 탄생했다.

이 광활한 벽을 어떻게 채울까 고민하다가 게시판을 생각했는데, 이것만으로도 벽의 절반이 채워져서 마음이 든든했다. 그 옆에 머물다가게의 새로운 로고를 붙이고, 말 주머니처럼 표기한 것도 따로 붙여주신 덕분에 딱딱한 게시판에 생동감이 확 생겼다.

선인장 그림은 처음에 로고 옆에 나란히 다 붙일까 했는데, 오늘 놀러 온 친구의 아이디어로 작은 선인장 하나는 게시판 위에 붙였다. 마치 안테나처럼 보이기도 하고, 게시판이 하나의 커다란 화분 같아 보이기도 해서 시선도 꽂히고, 재밌게 보였다. 가장 큰 벽면 간판을 부착하고 나니, 보기만 해도 웃음이 났다. 생각보다 선인장의 색깔이 실제 주변의 나무색과 너무 비슷해서 실제인 줄 착각하게 될 것만 같은 비주얼이었다.

비어있는 넓은 게시판을 보면서, 조만간 이 공간을 다 꽉 채울 만큼 여러 가지 프로그램을 많이 해야겠다고 생각했다. 이렇게 머물다가게 이름이 들어간 로고를 벽에 떡하니 붙이고 나니 갑자기 어깨가 더 무거워졌다.

간판을 붙이니까 지나가시는 분들이 더 자주 말을 걸어오셨다. 특히 이 동네에 오랫동안 사신 한 어머니와 아드님이 지나가시다가 이것저것 궁금한 것을 물어보셨는데, 두 분이 해주신 말씀이 너무 힘이 되고 용기가 됐다.

"여기는 뭐 하는 데예요?"에서 시작한 질문은 마지막 대화의 끝에서 "우리 동네를 멋지게 만들어줘서 고마워요."라는 이야기로 끝났다. 그 말씀에 감동받아서 나는 두 손을 모아 감사의 인사를 표하고, 오픈하면 꼭 놀러 오시라고 말씀드렸다.

이름만 봐서는 뭘 하는 데인지 알 길이 없는 '머물다가게'의 간판은 그야말로 동네 분들에게 핫이슈가 되었다. "책방이에요."라고 말씀드리면 대부분 좋다며 멋지다고 말씀해주셨고, 덕분에 이 동네가 지적인 동네가 되겠다며 아낌없이 칭찬해 주셨다.

아직 제대로 시작하지도 않았는데, 이렇게나 많은 응원을 받다니 얼떨떨하면서도 마음이 벅찼다. 많은 분이 기대하시는 만큼 동네에 좋은 영향을 끼치는 공간이 되기를 더 열심히 기도하며 준비해야겠다고 생각했다.

1층에 붙인 어닝도 반응이 좋았다. 어닝의 색깔과 모양을 고민하다가 문 색깔과 비슷한 다크 그린 톤에 하얀 줄무늬가 있는 어닝을 골랐는데, 확실히 뭔가를 판매하는 공간이라는 느낌이 확 나서 좋았다.

거기에 내가 쓴 '머물곳'이라는 글자를 부식 간판으로 붙였는데, 기대 이상으로 예쁘게 나와서 정말 마음에 들었다. 어두워질수록 점점 빛이 돋보여서 더 멋져 보였다. 이곳은 공간을 이용하는 중에만 불을 껐다 켤 수 있도록 스위치로 조절하고, 나머지 간판은 타이머에 맞춰 켜질 수 있도록 설정해 놓았다.

 마지막으로 깨알같이 대문 위쪽에 'Books & Goods'라는 글자를 붙이고, 그 아래 건물번호판도 우체통과 어울리는 초록색으로 바꿔 붙였다. 앞에서도 보이고, 위에서 내려오는 길에도 보일 수 있도록 'ㄱ'자로 붙인 머물다가게 로고 간판은 공간 안쪽에서 볼 땐 마치 책을 펼쳐서 세워둔 모양처럼 보여서 더 예뻤다.

 전기 연결 작업까지 마무리하느라 캄캄해지고서야 겨우 간판 시공이 끝났다. 타이머에 맞춰 불이 환히 켜진 머물다가게의 모습을 멀리서 바라보니 따뜻하게 빛나서 더욱 아름다웠다. 어서 많은 분이 이곳에서 따스하게 머물다 가셨으면 좋겠다.

2024.4.25.

아직 오픈한 건 아니지만 어서오세요!

✦

 오늘 아침, 드디어 구청 건축과에서 전화가 걸려 왔다. 준공검사 관련한 전화였다. 인테리어 공사를 모두 끝냈고, 오늘 방문하셔도 된다고 말씀드렸는데 일정 확인 후 다시 연락을 주시겠다고 하고는 전화를 끊으셨다.

 목이 빠지게 기다리고 기다리던 전화가 드디어 와서 마음이 한시름 놓였다. 가게로 막 출발하려던 차에 다시 구청에서 전화가 왔다. 구청에서 직접 방문하지 않고, 대신 공간의 구석구석을 꼼꼼하게 사진 찍어 보내라는 전화였다.

 나는 조금 어리둥절했다. 건축사님께 여쭤보니 오히려 잘 됐다고 하시며 빨리 사진을 찍어 보내라고 하셨다. 그동안의 속도로 보아선 4월 안에 도저히 안 끝날 것 같았는데, 갑자기 희망이 보였다. 나는 서둘러 가게로 향했다.

 그동안 이삿짐을 나르고 정리하기 바빠 가게를 전체적으로 다시 둘러볼 여유가 없었는데, 덕분에 사진을 찍으며 찬찬히 다시 둘러봤다. 오늘따라 날씨도 아주 쾌청하니 좋았다. 이제 정말 곧 장사를 시작할 수 있는 걸까!?

사진을 꼼꼼하게 다 찍어 보낸 후에 어젯밤에 언박싱한 택배를 뜯으며 정리를 시작했다. 현관문 앞에 발 매트도 깔고, 추가로 배송 온 컵들도 꺼내어 씻었다. 오후에 잠시 외부 출장을 다녀온 후, 유리공예 작가님이 아치창의 사이즈를 최종 점검하러 방문하셨다. 총 세 개의 아치 모양 창문이 있는데, 묘하게 사이즈가 조금씩 달라서 정확한 크기를 재야 한다고 하셨다.

종이로 실사 크기를 그려서 오려오셨는데, 그 위에 덧대어 크기를 꼼꼼하게 재보고 테이프를 활용해 정확한 사이즈를 다시 측정하셨다. 전문가의 손길이 그저 멋져 보였다. 색색의 예쁜 유리창에 빛이 촤르르 비추면 얼마나 예쁠까. 상상만으로도 마음이 반짝거렸다.

작가님이 한참 작업하시는 동안, 대동의 동네 책 모임 '즉책모임' 멤버들이 놀러 오셨다. 원래 오늘이 한 달에 한 번 있는 책모임 날이었는데, 아직 공간이 완성되지 않아서 잠깐 구경만 하고 가시기로 했다.

그동안 꾸민다고 나름대로 열심히 꾸몄지만, 모든 사람의 취향에 맞을 수는 없을 것 같아 내심 걱정도 됐었다. 마침 모임의 멤버가 초등학생부터 중학생, 고등학생, 성인까지 다양해서 제대로 반응을 비교해 볼 수 있는 기회였다.

다행히 모두가 흥미롭게 공간을 봐주셨다. 어린 학생들에겐 박물관에서나 볼 것 같은 물건도 있고, 어른들은 추억에 젖을 수 있는 물건도 있다 보니 모두 즐거워하셨다. 그 모습을 보니 행복감이 충만하게 채워졌다.

대동에서 주민분들이 운영하시는 '달빛아트센터'에서 직접 만드신 커피 드립백과 감자빵, 귀여운 인형 키링까지 선물도 잔뜩 받았다. 썰렁했던 가게에 손님들이 가득하게 북적이니 정말 동네 사랑방 같았다.

그 모습을 보고 지나가던 분들이 홀린 듯이 문을 열고 들어오셨다. 아직 짐도 정리가 덜 되고 어수선했지만, 궁금해하시는 손님들을 그냥 보낼 순 없었다. "아직 오픈한 건 아닌데, 들어오셔서 구경하고 가셔도 돼요!"라고 환영하며 맞이했다.

곧이어 퇴근하신 부모님까지 합세해 졸지에 열 명이 넘는 인원이 동시에 머물게 됐다. 손님 중 한 분은 머물다가게 바로 코앞 빌라에 사는 분이었는데, 책을 아주 좋아해서 이 공간에 대한 기대감이 누구보다 컸다고 하셨다. 이 동네에 이사 온 지 얼마 안 되었는데, 분위기가 적적해서 다른 동네로 갈까 망설이고 있었다던 그 분은 오늘 우리 가게를 우연히 방문했다가 여러 동네 사람을 만나게 되어 아주 기뻐하셨다.

동네에 책방이 생겨 너무 좋다며, 이사 가지 않아도 되겠다고 하시는 걸 보고 마음이 아주 뿌듯했다. 우리 동네 사진사이자 마술사인 내 초등학교 후배님도 매일 여기 오고 싶다고, 살고 싶다고 이야기하는 모습이 참 고맙고 귀여웠다.

  동네에 애정이 깊고 예술을 사랑하는 분들이 모이니 저마다 아이디어가 쏟아졌다. 책방에서 하면 좋겠다고 생각하는 각종 프로그램을 이야기하느라 시간 가는 줄을 몰랐다. 어느덧 저녁 시간이 훌쩍 넘어버렸다.

  이 와중에 1층에 놓을 좌탁을 당근 하러 다녀오신 부모님이 가구를 데리고 돌아오셨다. 우리는 모두 우르르 1층으로 내려가 새로운 당근 가구를 구경했다. 어느새 하늘이 캄캄해져 우리는 조명 불빛이 환히 켜진 머물다가게 건물 아래 쪼르르 모여 서서 작별 인사를 했다. "다음에 또 봬요!"라며 손을 흔들고 모두 각자의 집으로 돌아갔다.

2024.4.26.

동네책방 머물다가게입니다 =)

✦

 금요일 오후, 타지에서 손님들이 방문하셨다. 아직 정리가 덜 되어서 다소 어수선한 상태이긴 했지만, 아주 뜨거운 반응을 보여주셨다. 무엇보다 고생을 많이 했겠다며 공들인 것이 느껴진다고 이야기해주신 것이 무척이나 감사했다.

 손님들과 함께 구석구석 공간을 돌아보는 와중에 전화가 걸려왔다. 드디어 준공검사가 완료되었다는 아수 반가운 소식이었다! 어쩌면 이번 달 안에 안 될지도 모르겠다는 생각에 마음을 내려놓고 있었는데 정말 다행이었다.

 곧장 동구청 위생과에 전화를 걸어 영업신고증을 받는 절차에 대해 문의했다. 아직 전산상 건축물대장에서 용도변경이 확인이 안 되어 다음 주로 미뤄야 했지만, 어차피 〈달빛 야외 도서관〉 행사가 있어서 동구청에 가야 했다.

 동구청 중앙광장에서 진행하는 야외 도서관 행사였는데, 판매 부스로 나간 건 푸드트럭과 머물다가게가 유일했다. 그늘이 드리워 선선하니 야외 행사하기에 딱 좋았다. 편하게 드러누워 책을 읽을 수 있는 분위기도 잘 조성돼있었다.

머물다가게는 다소 규모는 작지만, 목이 좋은 곳에 자리해서 꽤 많은 시민들을 만날 수 있었다. 급하게 준비한 머물다가게 책갈피와 스티커를 준비해 열심히 나눠드리며 머물다가게 시즌 2 공간을 미리 홍보했다.

특히 친구들이 자리를 같이 지켜주고, 책도 함께 팔아줘서 참 든든하고 고마웠다. 동구에서 하는 행사다 보니 오며 가며 서로 아는 이들의 얼굴을 마주치기도 했다. 봄밤에 따스한 불빛 아래서 즐겁게 시간을 보내는 사람들을 보며 함께 행복해졌다.

다음 날인 토요일에도 〈그린 야외 도서관〉 행사가 같은 자리에서 열렸다. 아침 10시부터 나가서 부스를 준비했는데, 전날과는 다르게 태양이 너무 뜨거웠다. 종이 모자와 우산을 쓰고 광합성을 한다는 마음으로 묵묵히 버티고 앉아있었다.

이 와중에 감사하게도 책을 구매해주시고, 나를 알아보고 부스에 찾아오셔서 이야기를 건네주신 분도 있었다. 아이들이 주로 오는 행사여서 그림책을 위주로 가지고 나갔는데, 탁월한 선택이었다. 이틀 동안 꽤 여러 권의 책을 팔았다.

이틀 연속으로 행사에 참여해 피곤하긴 했지만, 행사를 마치자마자 곧장 뉴 머물다가게로 향했다. 친구 아버지께서 1층에 두었던 커다란 소나무 좌탁을 반 토막으로 자르는 작업을 도와주시러 기꺼이 와 주셨다.

당근에서 새로 구한 좌탁이 생겨 쓸모가 사라진 녀석을 어떻게든 살리려는 시도였다. 어머니의 아이디어로 테이블을 반으로 잘라 빔프로젝터 화면을 쏘는 벽면에 나란히 두기로 했다. 나무를 자르는 내내 깊은 소나무 향이 그윽하게 났다.

 말은 참 쉽지만, 그 과정은 결코 쉬운 게 아니었다. 친구 아버지께서 여러 종류의 장비를 가져오셔서 나무를 자르고, 대패질하고 그라인더로 갈아 꼼꼼하게 마감까지 해주셨다. 완성된 반토막 난 좌탁을 1층 벽면에 배치하니 분위기가 찰떡같이 잘 어울렸다.

 영화를 감상하는 방을 걸레로 싹 닦고, 그 위에 카펫을 깔았다, 그리고 집에 있던 커튼 천을 활용해 만든 쿠션을 함께 놓으니 포근한 집 거실 분위기가 금방 완성되었다. 우리는 다 같이 둘러앉아 TV를 틀어보며 깔깔 웃었다.

 재미난 아지트가 생긴 것 같아 즐거웠다. 그리고 앞으로는 여기 '머물곳'에서 더 많은 사람이 단란한 시간을 자주 보냈으면 좋겠다. 혼자가 아닌 여럿이 다정하게 함께 머무는 곳. 이 공간의 정체성이 덕분에 더 확고해졌다.

 하루를 마치고 다 함께 맛있는 저녁을 먹고 헤어졌다. 친구 아버지께서는 다음 날인 일요일 오후에도 또 방문해주셨다. 이번에는 대문에 번호키를 달아주시기 위해서였다. 며칠 전에 대문 열쇠를 두고 와 망연자실하던 우리를 보시고, 번호키를 구해와

주신 거였다. 이렇게 천사 같은 이웃이 곁에 있다니 정말 행운이다.

덕분에 이제는 열쇠를 가지고 다니지 않아도 가게에 마음껏 드나들 수 있게 되었다. 얼마나 홀가분한지! 이렇게 점점 가게의 모습을 갖춰가는데, 궁금해하실 동네 이웃분들께 오픈 소식을 미리 알려드려야겠다는 생각이 들었다.

나는 게시판에 벽보를 붙이기로 했다. 구구절절 하고픈 이야기를 적다 보니 9장이나 되어서 게시판이 꽉 찼다. 이제 지나가는 분들의 궁금증이 좀 해결되지 않을까. 정식 오픈 예정일은 5월 29일로 정했다.

딱 한 달이 남았다. 이제 마감일이 생겼으니 무슨 수를 써서라도 해내야 한다! 그 전에 〈머물일기〉를 구독해주신 구독자님들께만 오픈하는 '머물다가게 시즌 2 가오픈 공간 라운딩'을 계획 중이다. 기대하시라! 개봉박두!!!

2024.4.29.

정말 감사합니다. 곧 만나요!

✦

어느덧 4월의 마지막 날이 다가왔다. 5월 1일이 되면 짠! 하고 바로 오픈할 수 있을 것만 같던 나의 기대는 무너졌지만, 그래도 꽤 많은 부분이 채워졌다. 처음의 모습을 생각하면 아주 신기한 일이다. 공사를 하는 동안 내 안에 있는 여러 가지 마음을 마주했다. 가끔은 잔잔했지만, 대개는 비바람이 몰아치는 날이 많았다.

하지만 그런 날들도 결국은 다 지나갔다. 2월에는 부지런히 머물다가게 시즌 1의 시간을 정리하고, 3월에는 새로운 공간의 리모델링을 열심히 했다면, 4월에는 우리 손으로 할 수 있는 인테리어와 그 밖에 준비해야 할 자잘한 일들을 했다. 3개월이 벌써 이렇게 훌쩍 지났다니.

부슬부슬 비 내리는 오늘, 차분해진 마음으로 공간에 종일 머물렀다. 밖에는 계속 노란 송홧가루가 쌓였고, 나는 창문을 닫고 비 내리는 창을 바라보다 커피를 내리고, 키보드를 두드리며 시간을 보냈다. 못다 한 짐 정리도 마저 했다. 끝이 보이지 않던 정리도 어느덧 꽤 많이 마무리됐다.

오후에는 부동산 사장님과 실장님이 방문하셨다. 이 건물의 첫 모습을 기억하고 계신 분들이라 바뀐 모습을 보며 그 누구보다 신기해하셨다. 감각 있게 잘 고쳤다는 말씀을 해주시니 마음이 흡족하고 안심됐다. 아무리 내 마음에 쏙 들어도 사람들과 함께 나눌 공간이다 보니 계속 시험대에 올라와 있는 기분이다.

작은 욕심은 이 공간이 추억을 불러일으키는 공간인 동시에 추억을 쌓는 공간이 되길 바라는 마음이다. '남녀노소'라는 타깃이 제일 애매하고 어렵지만, 그 어려운 걸 해내고 싶다. 어느 누가 머물러도 어색하지 않고 자연스레 스며들 수 있는 공간이 되었으면 좋겠다.

오늘이면 건축물대장이 바뀔 줄 알았는데, 아직이었다. 대개 며칠 걸리는 경우가 많다고 한다. 건축물대장이 바뀌면 이전에 받아둔 보건증(건강진단결과서)과 위생교육필증을 가지고 영업신고증을 받으러 가야 한다. 영업신고증을 받고 나면 또 시설 조사를 하러 나오는데, 그 절차 역시 2~3주가 걸릴 수 있다고 한다.

생각보다 절차가 더 남아있어서 부득이하게 정식 오픈일은 한 달 뒤로 미뤄야 했다. 덕분에 조금 더 여유를 가지고 준비할 수 있게 되었으니 좋게 생각하기로 했다. 대신 구독자님들과의 약속을 지키기 위해 구독자 한정 '머물다가게 시즌 2 가오픈 공간 라운딩'을 진행하기로 했다.

그동안 머물다가게 이사 과정을 지켜봐 주신 분들과 함께 새로운 공간을 둘러보고, 이야기 나누는 시간이 아주 기대되면서도 떨린다. 부디 많은 분의 마음에도 흡족한 공간이 되었으면 좋겠는데, 어떨지 모르겠다. 가오픈은 일단 구독자님들과만 함께 할 생각이다. 아직 낯선 손님들을 곧바로 맞이하기는 왠지 두렵다.

언젠가는 마주해야 할 일이지만, 조금 더 마음의 준비를 하는 것이 아무래도 좋을 테니까. 그리고 공식적인 〈머물일기〉는 여기서 끝이지만, 5월 한 달간도 일기를 꾸준히 이어서 써볼 생각이다. 지켜봐 주시는 분들과 마감 효과가 사라져서 그동안처럼 밀리지 않고 잘할 수 있을지는 잘 모르겠지만. 그리고 이 이야기를 모두 모아서 올해 안에 한 권의 책으로 만들어 볼 생각이다. 구독자님들이 보내주신 마음 덕분에 출판이라는 새로운 목표가 또 생겼다.

혼자인 것만 같던 외로운 순간마다 항상 곁에서 힘을 주신 수많은 분께 진심으로 감사하다. 이 공간이 결코 나만의 공간이 아니라는 것을 정말 뼈저리게 느낀 시간이었다. 덕분에 아주 많이 따스하고, 포근한 봄날이었다.

2024.4.30.

고마운 〈머물일기〉 구독자님

✦

강혜현 님	박민영 님
구본근 님	박병훈 님
권순지 님	박지선 님
권의휘 님	박지원 님
김광인 님	박진희 님
김수경 님	방경화 님
김예림 님	배정화 님
김은경 님	백대일 님
김준현 님	복동 님
김지영 님	손영달 님
김하림 님	송재원 님
남원숙 님	송지수 님
명재경 님	송호연 님
박기태 님	신동일 님
박다정 님	신은주 님
박문진 님	안경미 님

양승민 님
염주희 님
오민희 님
오유하 님
온율 님
이결 님
이도영 님
이보현 님
이상종 님
이솔 님
이진서 님
이한솔 님
임동이 님
임미선 님
임유진 님
임종만 님

정경희 님
정보현 님
정효진 님
주혜진 님
최유라 님
최준혁 님
최지윤 님
편유옥 님
한상미 님

오래된 집을 샀다
책방을 하겠다고

초판 1쇄	2024년 10월 10일

지은이	임다은
편집디자인	임다은
크로스교정	방경화, 연해, 염주희, 이보현, 최지윤

펴낸이	임다은
펴낸곳	다니그라피
등록번호	제2019-000012호 (2019.5.31)
주소	대전시 동구 동대전로154번길 39, 2층
전화/팩스	070-8098-6634 / 0504-299-6634
홈페이지	dngrp.modoo.at
이메일	dngrp@naver.com
인스타그램	다니그라피 @dngrp
	머물다가게 @meomuldashop

ISBN	979-11-970721-9-2
가격	16,500원

ⓒ 임다은, 2024

이 책의 저작권은 지은이에게 있습니다. 무단 전재와 복제를 금합니다.
책의 내용을 사용하려면 펴낸곳을 통해 저작자의 동의를 받아야 합니다.